资本市场开放、信息环境及其经济后果研究

基于沪港通的经验证据

郭阳生　郭姿辰　欧阳霞　曹雪骏◎著

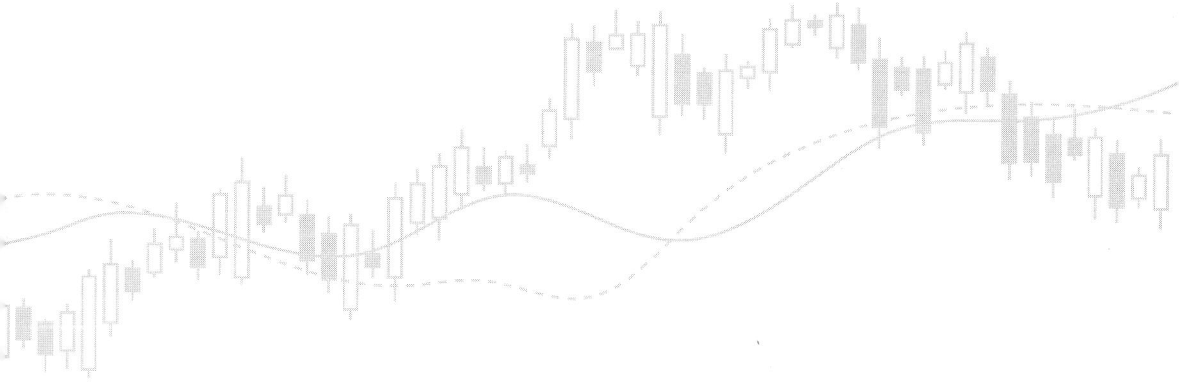

中国经济出版社
CHINA ECONOMIC PUBLISHING HOUSE
·北京·

图书在版编目（CIP）数据

资本市场开放、信息环境及其经济后果研究：基于沪港通的经验证据 / 郭阳生等著. -- 北京：中国经济出版社，2024. 11. -- ISBN 978-7-5136-7942-8

Ⅰ. F832.5

中国国家版本馆 CIP 数据核字第 2024GH3065 号

责任编辑　黄傲寒
责任印制　马小宾
封面设计　任燕飞装帧设计工作室

出版发行　中国经济出版社
印 刷 者　北京富泰印刷有限责任公司
经 销 者　各地新华书店
开　　本　710mm×1000mm　1/16
印　　张　14.25
字　　数　201 千字
版　　次　2024 年 11 月第 1 版
印　　次　2024 年 11 月第 1 次
定　　价　88.00 元
广告经营许可证　京西工商广字第 8179 号

中国经济出版社 **网址** http://epc.sinopec.com/epc/ **社址** 北京市东城区安定门外大街 58 号 **邮编** 100011
本版图书如存在印装质量问题，请与本社销售中心联系调换（联系电话：010-57512564）

摘要

2014 年 11 月 17 日，中国证监会宣布上海证券交易所和香港联合交易所互联互通机制（以下简称“沪港通机制”）正式启动，这是我国资本项目尚未完全实现可兑换情况下设计的跨境投资新模式，是资本市场开放史上具有里程碑意义的事件，对我国资本市场产生了深远影响。沪港通机制的实施，在宏观方面，有利于增强我国资本市场综合实力，提升市场竞争力；有利于巩固上海和中国香港两大国际金融中心的地位，提高两地市场对海外投资者的吸引力；有利于拓宽境外人民币资金投资渠道，推动人民币国际化进程。在微观方面，更多来自发达地区的国际投资者参与 A 股价格竞争，一定程度上有助于提升上市公司治理水平，改善与投资者的关系，深刻影响市场经济主体的行为。因此，探讨沪港通政策的经济后果便成了一个重要命题。然而，目前学术界对于此类问题的研究还处于起步阶段，多是“只管一隅”的片面之谈，缺乏“谋划全局”的系统性分析，沪港通机制对资本市场的影响及其作用机理尚不清晰。基于此，本书试图为这方面的研究提供微观证据。

首先，本书结合新古典经济学理论、金融发展理论分析发展中国家实行资本市场开放的动因；其次，根据有效市场假说、投资者认知假说、流动性假说等现代资本市场理论，深入剖析资本市场开放的经济后果；再次，基于我国资本市场开放创新形式——沪港通机制，分析其特点及影响机理，并提出沪港通机制主要有两大政策效应：治理效应与信息效应；最后，根据沪港通所产生的政策效应，在代理理论与信息不对称理论框架下，从上市公司信息环境、融资约束、股价崩盘风险三个视角提出研究假设、进行检验，从而系统构建了沪港通政策经济后果的研究体系。具体来说，本书从以下几个方面展开研究并得到了相应的结论。

第一，在新古典经济学、金融发展理论基础下解析发展中国家实行资本市场开放的缘由。首先，根据边际收益递减规律，发达国家资本充裕，资本边际产出较低，发展中国家资本匮乏，资本边际产出较高。在资本自由流动，没有管制的情况下，资本会从富裕的发达国家流向贫穷的发展中国家，从而促进发展中国家扩大投资，推动经济增长，而发达国家也获得了更高的投资收益。其次，金融抑制论点明，发展中国家的市场机制并不能得到充分发挥，存在金融机构形式单一、金融资产单调、金融活动管制过多、金融效率极低等现象。金融深化论旨在解除金融抑制，改进资本市场的资源配置功能，其核心观点在于，经济发展与金融体制是相互促进、相互制约的，适当的金融改革有助于经济增长，使经济发展与金融深化形成良性循环。然而，发展中国家资本市场开放的实践并没有取得令人满意的成果。在总结失败教训的基础上，金融约束论应运而生。该理论认为，资本市场开放不可能在一夜间完成，政府应采取“金融约束”方式逐步过渡，金融约束并不是阻碍金融深化，而是通过一组金融政策为银行和企业创造租金的方式促进金融深化。

第二，从现代资本市场理论视角深入剖析资本市场开放对股票市场与实体经济两个方面的影响及其作用机理。有效市场假说确立了现代资本市场理论的核心地位，其理论意义在于，要提高证券市场的有效性，根本途径就是解决股票价格形成过程中的信息披露、信息传递、信息解读、信息反馈等各个环节中出现的问题。从这个角度来看，本书以上市公司信息环境作为实证研究的切入点，吻合有效市场假说的精髓。股票市场开放的另一功能是提高市场流动性。随着更多国际机构投资者的进入，相关标的股的成交量会明显增加，交易指令迅速执行，交易成本降低。股票流动性的提高，能够减少流动性风险溢价以及投资者报酬，进而降低公司股权资本成本，这就是流动性假说的核心内容。增加全球关注度是股票市场开放的又一功能。投资者认知假说指出，资本市场开放必然会带来更多的海外投资者、更多的分析师跟踪以及媒体关注。因此，资本市场开放有利于提高标的公司的投资者认知度，扩大公司的投资者基数，提升企业价值。另外，由于国际机构投资者的进入，以及行业监管趋严，股票市场开放还能显著提升公司治理水平。

第三，沪港通机制作为具有中国特色的资本市场开放形式，其政策效应赋予了其更深刻的内涵。一方面，沪港通机制引入了大量来自发达地区的国际机构投资者，这些投资者或关注跟踪上市公司，或买入上市公司股票成为战略股东。它们往往拥有较成熟的投资理念、较强的投资者保护意识。为维护自身利益、避免侵占风险，它们会积极参与公司治理。因而沪港通机制具有“治理效应”。另一方面，沪港通机制带来国际机构投资者的同时，会促进跨境服务需求的增加。更多分析师跟踪标的上市公司，加强对上市公司的监督，约束管理层端正管理动机，改善公司信息环境。同时，更多媒体关注、报道相关上市公司，会提升公司信息透明度。因而，沪港通机制具有“信息效应”。

第四，借助沪港通政策实施这一外生事件，从信息环境、融资约束、股价崩盘风险三个方面对资本市场开放的经济后果进行理论分析与实证检验。本书根据有效市场假说，以信息环境作为实证研究的起点。以融资约束、股价崩盘风险作为检验沪港通政策经济后果的标的，其理论逻辑在于二者的影响因素均为代理冲突与信息不对称，而沪港通机制的政策效应也正体现于此。本书第三章以沪深两市上市公司数据为研究样本，重点考察沪港通机制对上市公司信息环境的影响。以分析师预测行为作为信息环境的代理变量，研究发现，沪港通机制实行以后，标的公司分析师跟踪数量增加，预测精确度提高，预测分歧度降低。第四章基于信息不对称与代理冲突理论框架，系统论证了沪港通机制对上市公司融资约束的影响，并考察信息环境对二者关系的调节作用。研究发现，相较于控制组公司，沪港通机制实行以后，处理组公司融资约束显著减少，并且这种效应在信息环境差的组更显著。影响机理研究表明，减少代理冲突是沪港通机制缓解融资约束的重要途径；作用路径分析表明，沪港通机制有利于标的公司以较低的成本在资本市场中获得发展所需资金，增加股权融资额度，同时也改善了公司过度依赖债务资金的失衡融资结构，进而提升了融资效率。第五章同样基于信息不对称与代理冲突理论框架，研究了沪港通机制对标的公司股价崩盘风险的影响，并考察信息环境对二者关系的调节作用。研究发现，相较于控制组公司，沪港通机制实行以后，处理组公司股价崩盘风险显著下降，并且这种效应在信息环境差的组更显著。进一步分析表明，股票流动性增强是降低股价崩盘风险的重要路径，而沪港通机制并没有通过提升上市公司治理水平来抑制股价崩盘风险。

本书以市场微观结构理论的核心内容——信息环境作为纽带，在研究过程中，立足会计学、财务学等本领域的学科基础，综合运用经济学、金融学、统计学等跨学科知识，系统构建了理论框架，严格推导了理论假设，深入剖析了影响机理，充分提供了实证证据，全面诠释了经济后果。具体来看，本书的创新点主要体现在以下几个方面。

第一，本书借助沪港通试点这一准自然实验，采用 PSM-DID 模型，系统检验资本市场开放的经济后果，有效处理了这一研究领域面临互为因果的内生性问题。具体来看，以同一国家上市公司作为研究样本进行分析，控制了经济发展、制度环境、文化传统等遗漏变量带来的潜在偏误；此外，沪港通政策的启动给资本市场开放程度提供了一个外生冲击，排除了反向因果关系存在的可能；而且，逐步开放的试点机制天然地区分了实验组与控制组，自动消除了资本市场开放程度的测量误差。

第二，本书基于沪港通这一政策事件，构造双重差分模型，探讨其对分析师预测行为、融资约束以及股价崩盘风险的影响，揭示了资本市场开放传导到实体经济以及股票市场效率的作用机理，并且在内容上深化了分析师预测行为、融资约束、股价崩盘风险影响因素的研究，有效补足现有相关领域的文献体系；在方法上弱化了国际投资者持股对我国资本市场影响研究领域可能产生的内生性问题。同时，本书结论也为“外国机构投资者是蝗虫”的论点提供了反驳证据。

第三，国外有关资本市场开放的研究已经非常丰富，但关于世界上最大的新兴经济体——中国的经验证据仍相当匮乏。中国正在加速推行新一轮高水平对外开放，亟须系统的理论体系指导其国际化进程。而沪港通机制作为我国股票市场开放的创新形式，必将对资本市场的改革与发展产生深远影响。因此，全面深入地剖析沪港通的政策效果具有重大战略意义。本书结论揭示了沪港通机制传导到股票市场与实体经济的作用路径，为充分发挥沪港通机制的市场稳定功能、风险管理功能、信息改善功能、价值提升功能，促进资本市场健康发展，提供了理论基础与实证支持，也为我国推动资本市场新一轮高水平对外开放提供了政策启示。

关键词：资本市场开放；沪港通；信息环境；分析师关注；融资约束；股价崩盘风险

Abstract

On November 17, 2014, the China Securities Regulatory Commission (CSRC) announced the formal launch of the Shanghai Stock Exchange and the Stock Exchange of Hong Kong (hereinafter referred to as the "Shanghai-Hong Kong Connect" mechanism) . This is a new cross-border investment model designed under the condition that China's capital account has not been fully convertible. It is a milestone in the history of capital market opening. It will have a far-reaching impact on China's capital market. From the macro perspective, the implementation of the Shanghai - Hong Kong Connect mechanism will help to strengthen the comprehensive strength of China's capital market and enhance its competitiveness in the market; consolidate the status of Shanghai and Hong Kong as two major financial centers; enhance the attractiveness of the two markets to overseas investors; and broaden the channels for overseas investment in Renminbi funds and promote Renminbi Internationalization process. From the micro perspective, more international investors from developed regions participate in A share price competition, to a certain extent, it helps to improve the investor relationship of listed companies, enhance the level of corporate governance, and profoundly affect the behavior of market economic entities. Therefore, exploring the economic consequences of the policy of Shanghai and Hong Kong has become an important proposition. However, this kind of research is still in its infancy, single-point research is relatively weak, has not yet formed a systematic system, the impact of the Shanghai-Hong Kong Communications mechanism on the capital market and its mechanism is still unclear. Based on this, this article attempts to provide micro evidence for this issue.

On the one hand, this book analyzes the reasons for developing countries to open their capital markets with the theories of neoclassical economics theory and financial development theory. On the other hand, it combines the Efficient Market Hypothesis, Investor Cognition Hypothesis and Liquidity Hypothesis and other modern capital market theories, in-depth analysis of the basic functions of capital market opening and its impact mechanism. Thirdly, it is based on the innovative form of capital market opening—ShangHai-Hong Kong stock connect mechanism, analyses its characteristics and influencing mechanism, and points out that there are two main policy effects in the mechanism of ShangHai-Hong Kong stock connect: governance effect and information effect. Finally, according to the policy effects brought by ShangHai-Hong Kong stock connect, Combining Agent Theory with Information Asymmetry Theory from the information environment of listed companies, financing constraints, stock price collapse risk three perspectives put forward research hypothesis, test, thus systematically constructed the capital market open economic consequences of the research system. Specifically, the following conclusions are drawn from the following aspects:

Firstly, under the analytical paradigm of neoclassical economics, institutional economics and political economics, the reasons for theliberalization of the capital market are analyzed. According to the law of diminishing marginal utility, the developed countries have abundant capital, low marginal output of capital, but developing countries lack capital and higher marginal capital output. In the absence of regulation and free flow of capital, capital flows from rich developed countries to poor developing countries, thus promoting the expansion of investment in developing countries and promoting economic growth, while developed countries achieve higher investment returns. According to the theory of financial repression, the market mechanism of developing countries can not be fully developed. There are some phenomena such as single financial institutions, monotonous financial assets, excessive regulation of financial activities, and extremely low financial efficiency. The theory of financial deepening aims to relieve financial repression and improve the resource allocation function of capital market. Its core point is that economic development and financial system promote and restrict each other. Appropriate financial reform will help economic growth and form a virtuous circle between economic development and financial deepening. How ever, the practice of capital market opening in developing countries has not achieved satisfactory results. On the basis of summing up the lessons of failure, the theory of financial restraint came into being at the historic moment. The theory holds that the opening of capital market can not be completed overnight. The government should adopt the mode of "financial restraint" to gradually transition. Financial restraint does not hinder financial deepening, but promotes financial deepening by creating rents for banks and enterprises through a set of financial policies.

Secondly, from the perspective of modern capital market theory, this book analyzes the function and mechanism of capital market opening in stock market and real economy. Efficient Market Hypothesis (EMH) has established the core of modern capital market theory, which makes the analysis of financial problems from qualitative to quantitative. Its theoretical significance lies in that the fundamental way to improve the effectiveness of the securities market is to solve the problems of information disclosure, information transmission, information interpretation, information feedback and other links in the process of stock price formation. From this point of view, this book takes the information environment of listed companies as the starting point of empirical research, which conforms to the essence of the efficient market hypothesis. Another function of the stock market liberalization is to enhance market liquidity. With the entry of more international institutional investors, the volume of related stocks will increase significantly, trading orders will be executed quickly and transaction costs will be reduced. The improvement of stock liquidity can reduce the liquidity risk premium and investors'compensation, and then reduce the cost of equity capital, which is the core of the liquidity hypothesis. Opening global attention is another function of stock market liberalization. Investor Cognition Hypothesis holds that the opening of the capital market will inevitably bring more overseas investors, more analysts tracking and media attention. Therefore, the opening of the capital market is conducive to improving the investor awareness of the target company and expanding the investor base. In addition, due to the involvement of international institutional investors and strict industry regulation, the liberalization of the stock market can also improve the level of corporate governance.

Thirdly, as an open form of capital market with Chinese characteristics, the policy effect of the ShangHai-Hong Kong stock connect has entrusted more profound connotations. On the one hand, the ShangHai-Hong Kong stock connect mechanism has introduced a large number of institutional investors from developed regions. These overseas investors either focus on tracking listed companies, or buy shares of listed companies to become strategic shareholders. They often have a more mature investment concept and a strong sense of investor protection. In order to safeguard their own interests and avoid embezzlement risks, they will actively participate in corporate governance. Therefore, the Shanghai-Hong Kong Stock Exchange mechanism has a "governance effect". On the other hand, while bringing in international institutional investors, the ShangHai-Hong Kong stock connect mechanism will promote increased demand for cross-border services. More analysts follow the target listed companies, strengthen the supervision of listed companies, restrain the motivation of earnings management, and improve the company's information environment. At the same time, more media will pay attention to and report on related listed companies to enhance the transparency of corporate information. Therefore, the Shanghai-Hong Kong Stock Exchange mechanism has an "information effect".

Fourthly, with the aid of the Shanghai-Hongkong Connect policy implementation of this exogenous event, from the information environment, financing constraints, stock pricecrash risk three aspects of the economic consequences of capital market liberalization were analyzed and empirical test. According to the efficient market hypothesis, this book takes the infor mation environment as the breakthrough point of empirical research. From the perspective of financing constraints and stock price crash risk, the theoretical logic is that both factors are agency conflict and information asymmetry, and the policy effect of Shanghai-Hong Kong Stock Exchange mechanism is also reflected. In the third chapter, using the data of Listed Companies in Shanghai and Shenzhen as the research sample, the book examines the impact of the Shanghai-Hong Kong Connect mechanism on the information environment of listed companies. This book takes analyst's forecasting behavior as the proxy variable of information environment. It is found that after the opening of Shanghai and Hong Kong Connect, the number of analysts in the target company increases, the accuracy of forecasting increases, and the divergence of forecasting decreases. Chapter 4 studies the impact of the Shanghai-Hong Kong Connect mechanism on the financing constraints of listed companies, and examines the moderating effect of information environment on the relationship between the two. The results show that, compared with the control group companies, the financing constraints of the treatment group companies significantly increased after the opening of Shanghai-Hong Kong Communications, and this effect is more significant in the group with poor information environment. The impact mechanism study shows that reducing agency conflicts is an important way to ease the financing constraints of the Shanghai-Hong Kong Connect mechanism; the impact path analysis shows that the Shanghai-Hong Kong Connect mechanism is conducive to the target company to obtain the capital needed for development in the capital market at a lower cost, enhances the equity financing quota, and also improves the company's over-reliance on debt. The imbalanced financing structure of funds has promoted the efficiency of financing. In the fifth chapter, we study the impact of the Shanghai-Hong Kong Connect mechanism on the stock price collapse risk of the underlying companies, and examine the moderating effect of information environment on the relationship between the two. The results show that, compared with the control group, the stock price crash risk of the treatment group decreased significantly after the opening of Shanghai-Hong Kong Connect, and this effect is more significant in the group with poor information environment. Further analysis shows that the stock liquidity enhancement is an important way to reduce the risk of stock price crash, and the Shanghai-Hong Kong Connect mechanism has not suppressed the risk of stock price crash by improving the governance level of listed companies.

In this book, the core content of market microstructure Theory-Information environment as a link, in the process of research, based on accounting, finance and other disciplines in the field of discipline foundation, comprehensive use of economics, finance, statistics and other interdisciplinary knowledge, a systematic theoretical framework, rigorous derivation of theoretical assumptions, in-depth. This book analyzes the mechanism of impact, fully provides empirical evidence, and comprehensively interprets the economic consequences. Specifically, the innovations of this study are mainly reflected in the following aspects:

Firstly, with the help of the quasi-natural experiment of Shanghai-Hong Kong Connect and the PSM-DID model, this book examines the economic consequences of capital market opening, which can effectively alleviate the endogenous problems faced by this research field. Specifically, the analysis of Listed Companies in the same country controls the potential errors caused by omitted variables, such as economic development, institutional environment, religion and culture; furthermore, the opening of Shanghai-Hong Kong Connect provides an exogenous impact on the degree of capital market openness, eliminating the possibility of reverse causality; Moreover, the pilot mechanism of gradual opening naturally distinguishes the experimental group from the control group, and automatically evades the measurement error of the opening degree of the capital market.

Secondly, based on the policy event of Shanghai-Hongkong Connect, this book constructs aDID model to explore its impact on analysts' forecasting behavior, financing constraints and stock price crash risk, and clarifies the transmission mechanism of capital market opening to the real economy and stock market efficiency. Furthermore, it deepens the research chain of analysts'forecasting behavior, financing constraints, stock price collapse risk factors, effectively complements the existing literature system in relevant fields; and weakens the endogenous problems in the research field of the impact of foreign investors' stock ownership on China's capital market. At the same time, the conclusion is "foreign institutional investors are locusts." The argument provided rebuttal evidence.

Thirdly, the foreign research on capital market opening has been very rich, but the empirical evidence about China, the world's largest emerging economy, is still very scarce. China is speeding up the implementation of a new round of high-level opening up, and it is in urgent need of a systematic theoretical system to guide its internationalization process. As an innovative form of opening up China's capital market, Shanghai-Hong Kong Connect will have a far-reaching impact on the reform and development of the capital market. Therefore, it is of great strategic significance to comprehensively and thoroughly analyze the policy effect of Shanghai and Hong Kong Connect. The conclusion of this book reveals the function path of the mechanism of Shanghai-Hong Kong Connect to the stock market and the real economy. It provides the theoretical basis and empirical support for giving full play to the market stabilization function, risk management function, information improvement function and value promotion function of Shanghai - Hong

Kong Connect and promoting the healthy development of the capital market. It also promotes the capital market in China. A new round of high level opening to the outside world provides policy implications.

Key words: Capital Market Liberalization; Shanghai-Hong Kong Stock Connect; Information Environment; Analyst Coverage; Financial Constraints; Stock Price Crash Risk

目录

图目录

表目录

导　论

一、研究背景与意义

资本市场开放已然成为21世纪我国经济改革与发展的重要议题。早在21世纪之初，著名经济学家，2001年诺贝尔经济学奖获得者斯蒂格利茨（Stiglitz）就把资本自由流动视作中国未来几十年面临的重大挑战之一[①]。对于建立在新兴加转轨经济基础上的中国资本市场，现在的问题不是要不要开放，而是如何开放，这是一个关系到中国未来既能获得国际投资收益又能避免经济全球化带来的负面影响，促进经济健康发展的重大问题。因此，研究资本市场开放的经济后果，具有非常重要的理论与现实意义。

（一）核心概念的界定与区分

1. 资本市场

资本市场（Capital Market），是与货币市场相对应的理论概念，又称长期资金市场，通常指进行中长期（5年以上）资金（或资产）借贷融通活动的市场。货币市场是指期限在一年以内的各种金融资产交易的市场。资本市场与货币市场共同组成了金融市场。2010年，国际货币基金组织（IMF）进一步将资本市场划分为广义资本市场与狭义资本

① 1997年9月，世界银行发布题为"中国2020：新世纪发展挑战"的研究报告，在该报告的发布会上，著名经济学家斯蒂格利茨作了题为"中国未来面临的挑战"的发言，提出未来几十年中国将面临国有企业及其与银行体系关系、环境、形成一个竞争性且具有关怀性的社会、继续自由化贸易和资本流动、政府未来角色和地区差异六大挑战。

市场。广义资本市场包括股票市场、债券市场、基金市场以及银行信贷市场；狭义资本市场一般特指股票市场。

具有中国特色的资本市场主要包括：①国债市场，即期限在一年以上，以国家信用为保证的国库券、财政债券等发行与交易的场所；②股票市场，即股票的发行市场（一级市场）和交易市场（二级市场）；③企业中长期债券市场，即期限在一年以上的债券发行与买卖的场所；④中长期放款市场，即银行与企业发生资金借贷的市场。其中，股票市场是我国资本市场的主要部分与典型形态①。

2. 资本市场开放

资本市场开放是一个极其复杂的概念，至今学术界对资本市场开放还没有一个权威科学的定义，但对其内涵的理解大同小异。国外学者很少使用资本市场开放一词，而是常常使用资本市场自由化、资本市场国际化、股票市场自由化等提法。事实上，资本市场自由化的内容包括证券资本的自由流动、外国直接投资（FDI）以及银行对外借贷等方面的管制放松。股票市场自由化是资本市场自由化的一部分。Henry（2000）将股票市场自由化定义为一国政府允许外国投资者购买本国股票的决定；Bekaert 和 Harvey（2004）采用了类似的提法，认为股票市场自由化是政府放松对外国证券投资限制的一种政策。

我国自 1978 年实施改革开放以来，“开放”一词被广泛运用。开放是相对于原有的束缚而言的，其中文含义具有“解除限制”之意。因此，无论是官方还是各媒体，国内都习惯用“开放”一词取代“自由化”“国际化”。显然，任何一项对外开放政策，既有中国融入世界的含义，也有国内市场允许外国人进入的内涵，是一种双向开放。

资本市场开放本质上包含两个方面，即服务性开放和投资性开放。

① 若没有特别说明，本书提及的资本市场特指股票市场。

其中，服务性开放指允许外国中介机构在本国资本市场为证券投融资提供各种服务，或本国中介机构在外国资本市场为证券投融资提供各种服务；投资性开放指允许资本在国内和国际资本市场自由流动。王开国（2001）认为，资本市场开放是金融市场全球化的重要组成部分，其具有四层含义：国际投资者可以投资本国市场上的股票；本国投资者也可以跨境投资国外市场的股票；外国资本需求者可以到本国市场融资；本国的资本需求者也可以到国际市场融资。申银万国证券研究所课题组认为，证券市场开放包含三个方面的内涵：证券投资主体，即二级市场对外开放；证券融资主体，即一级市场对外开放；证券中介主体，即证券服务机构对外开放。[①] 尽管学者们对资本市场开放的定义表述并不一致，但是大同小异，只是侧重点不一样。

3. 资本市场开放模式

资本市场开放的具体模式主要有三种。

（1）全方位直接开放

全方位直接开放模式允许国际投资者自由进出本国资本市场，可以投资本国证券、发放中长期贷款，并且不受投资比例和范围限制。同样，国内投资者也可以跨境购买海外市场证券，取得银行借款。这种模式适合证券市场规模较大、发育程度比较高的发达国家，比如美国、欧洲各国、日本等。

（2）有限制直接开放

有限制直接开放模式同样是一种双向开放模式，只是在发放资金贷款与证券投资的比例和范围等方面做了一定程度的限制。包括发行专门供国际投资者购买的 B 股以及准许外国投资者购买本国上市的股票，但对投资规模和投资标的有所限制。这种模式适合市场规模不大、发育

① 申银万国证券研究所课题组，各国证券市场的比较研究，2002 年第 1 期。

并不完善的发展中国家，比如中国、泰国等。

（3）间接开放

间接开放模式不允许外国投资者直接投资本国市场上的证券，但允许其购买由中介机构在国际市场发行，代表本国上市公司股份的存托凭证（Depository Receipts，DR）。换言之，存托凭证是由存托银行发行的可转让股票凭证，证明一定数额的某外国公司股票已存入该银行的保管机构，存托凭证的持有人实际上就是寄存股票的所有人，其权利与原股票持有人相同。存托凭证按其发行地点不同，冠以不同的名称，如美国存托凭证（ADR）、欧洲存托凭证（EDR）。2018 年 5 月，中国证监会宣布开展创业企业境内发行存托凭证试点。

（二）研究背景

一直以来，由于“蒙代尔不可能三角”理论的存在，货币政策独立、资本自由流动与汇率稳定三个目标不能同时兼备，三者只能取其二。大型经济体与发展中国家的特点决定了我国货币政策的独立性与汇率的管制性，导致我国的资本账户相对封闭，资源配置效率低，无法满足海外投资者参与中国经济增长的意愿。2006 年 12 月，中国履行加入世界贸易组织（WTO）作出的承诺，宣布对境外分步逐级开放金融业服务。尽管已推出交叉上市、QFII、RQFII 等一系列制度，但我国的金融体系依然相对封闭，境外投资者投资规模占全球跨境资产总规模的比例不到 3%①，远低于发达国家和其他发展较快的新兴市场国家。在人民币国际化进程加快、供给侧结构性改革不断深化、“一带一路”倡议持续推进背景下，提高资本市场对外开放程度势在必行。

2014 年 4 月 10 日，时任国务院总理李克强在博鳌论坛上发表演讲，向世界宣告中国将推动新一轮高水平对外开放，其中扩大金融服务业包

---

① 数据来源：Wind，中国银行国际金融研究所。

括资本市场对外开放是主要方面。2014 年 5 月 9 日，国务院发布了《国务院关于进一步促进资本市场健康发展的若干意见》（简称新“国九条”），进一步提出了扩大资本市场对外开放、发展多层次股票市场，体现了党中央、国务院对资本市场发展的高度重视。2014 年 11 月 17 日，中国证监会正式宣布启动上海证券交易所和香港联合交易所互联互通机制，即沪港通机制，这是我国资本市场开放史上具有里程碑意义的事件。2016 年 12 月 5 日，中国证监会宣布启动深港通机制，进一步增大中国内地与中国香港股票市场互联互通的投资标的范围和额度，满足投资者多样化的投资需求，成为 A 股市场国际化进程的加速器。2018 年 4 月 10 日，国家主席习近平在博鳌论坛上向世界宣布中国新一轮扩大对外开放的一系列举措，提到大幅度放宽包括金融业在内的市场准入限制，并表示中国扩大对外开放“宜早不宜迟，宜快不宜慢”，“中国开放的大门只会越开越大”。随后，中国人民银行行长易纲宣布进一步扩大金融业对外开放的 10 余项具体措施，包括将沪股通及深股通每日额度提高 4 倍，即分别由原来的 130 亿元人民币调整为 520 亿元人民币，并表示争取在年内启动沪伦通，金融业开放力度堪称“史上之最”。可见，我国资本市场对外开放已全面驶入快车道。

沪港通是指上海证券交易所与香港证券交易所允许两地投资者通过当地证券公司买卖对方交易所上市的股票，是中国内地与中国香港金融市场互联互通的一种政策，是继 QFII、RQFII、QDII 等制度之后我国跨境证券投资的又一重大探索。沪港通包括沪股通与港股通两部分，沪股通是指来自世界各地的中国香港投资者向上海证券交易所申报，买卖规定的在上交所上市的股票。港股通是指投资者委托中国内地证券公司向香港联合交易所进行申报，买卖规定的在香港联合交易所上市的股票。本书研究的对象是沪股通试点公司。我国的香港证券市场以机构投资者为参与主体，与国际化接轨程度较高，比中国内地证券市场更成熟，因此沪港通的推出必将为 A 股带来增量资金、估值效应以及国际视角。

沪股通首批标的股名单包括上证 180 指数成分股、上证 380 指数成分股以及上海证券交易所上市的 A+H 股公司股票，共计 568 只，后经数次调整，目前依然有 500 余只。截至 2017 年 12 月 31 日，沪股通共经历 727 个交易日，累计成交金额约为 3.54 万亿元人民币，日均成交额近 50 亿元（具体交易状况见图 0-1）[①]。从资金流向上看，沪股通资金主要流入以上证 180 指数成分股为代表的大盘蓝筹股，涵盖金融、地产、工业和大消费等行业。从投资者结构来看，沪股通参与主体以机构投资者为主，众多境外大型机构投资者通过沪股通渠道参与权益性资产配置，实现了吸引国际投资者的目的与初衷。尽管沪港通政策的启动时间不长，且实际的北向交易量也很小，但沪港通机制已逐渐影响我国资本市场资源配置效率以及企业微观经济行为，探讨该项机制的经济后果便具有了重要的理论价值与战略意义。

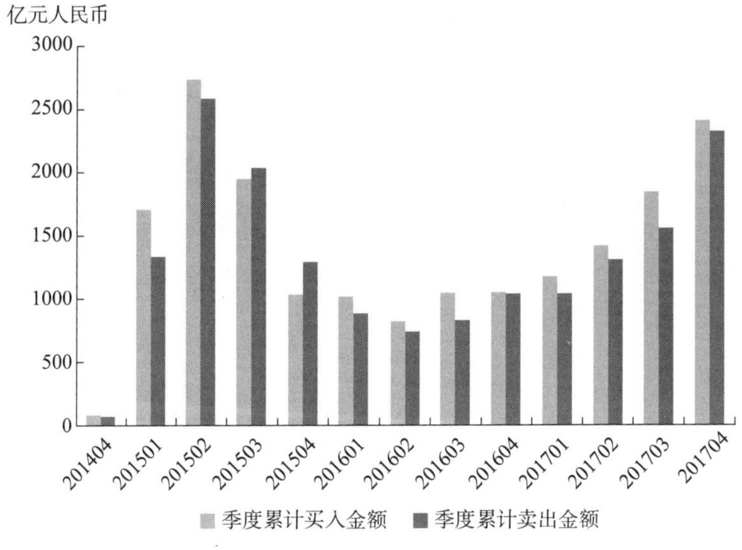

图 0-1　沪港通季度交易状况

① 数据来源：国泰安数据库。

（三）研究意义

本书在分析我国资本市场开放基本功能的基础上，将沪港通政策视为上市公司的一种外部机制，从股票市场信息效率与实体经济两个角度深入剖析沪港通机制对我国资本市场的影响，以期在理论与实践层面推进该领域的研究。本书的研究价值主要体现在以下几个方面。

1. 理论价值

第一，系统构建了资本市场开放经济后果的分析框架。首先，本书以新古典经济学理论、金融发展理论为基础，明确了研究的界限、范围和重点，建立了资本市场开放的经济后果分析框架；其次，将金融抑制理论、金融深化理论、金融约束理论纳入框架体系，剖析发展中国家实施资本市场开放的内生需求；最后，结合有效市场假说、投资者认知假说、流动性假说、市场分割理论、供需均衡理论对资本市场开放的功能发挥及传导机理等方面进行了系统分析。该分析框架不仅可以诠释资本市场开放对股市效率与实体经济的影响，而且有利于人们深刻理解互联互通机制的设计理念，为我国进一步推动高层次资本市场开放提供理论基础。

第二，全面解析了沪港通机制作用于资本市场的机理与路径。理论分析框架的确立有助于全面了解沪港通机制的真正内涵，有助于深入剖析资本市场开放的制度需求，系统理解资本市场开放发挥功能的具体机制。首先，发展中国家普遍存在金融管制过多、资本账户相对封闭、资源配置效率低下等特点，资本市场开放的真正目的在于打破金融抑制，促进金融发展，提升资本市场效率，更好地服务实体经济的发展。其次，基于沪港通政策的资本市场开放，最直接的影响主要有两方面：一方面，引入了更多来自发达地区的国际机构投资者，有利于提升上市公司治理水平；另一方面，不成熟的中国内地资本市场与发达的中国香港资本市场实现对接，有利于促进中国内地资本市场金融基础设施的建设，完善上市公司信息披露制度、投资者保护制度等相关制度，最终逐步趋同。最后，沪港通政策实施后，最直接的传导机制有两方面：其一，更多来自成熟地区的境外投资者购买中国内地股票，增加了相关标的股票的成交量，股票流动性得以明显提升；其二，跨境投资者参与权益性资产配置需求增加，随之而来的是标的公司全球关注度提升，分析师跟踪数量增加，同时发布的盈余预测研报数量增多，可以更好地满足国际投资者的需求。

第三，实证检验了沪港通机制的经济后果。目前基于沪港通政策研究股票市场开放经济后果的文献还比较少，已有研究集中在股价信息含量、股价波动性、股价反应速度等方面。本书基于新古典经济学等理论，分别从股票市场定价效率和实体经济两个角度进行研究。首先，沪港通机制实行后，更多的分析师跟踪相关上市公司，发布盈余预测报告。作为资本市场的信息中介，分析师关注降低了上市公司信息不对称程度，改善了上市公司信息环境。其次，从实体经济来看，股票市场开放的功能之一是增强股权融资功能，缓解上市公司融资约束。一方面，上市公司信息环境改善以后，信息不对称程度下降；另一方面，随着国际机构投资者的介入，公司治理水平提升，较大程度地减轻了代理冲突，而信息不对称与代理冲突为影响公司融资约束的两大主要因素。最后，从股票市场效率来看，股票市场开放旨在引入更多国际机构投资者，发挥市场稳定功能。随着资本市场开放的加强，上市公司分析师跟踪数量增加，信息环境得到改善，信息透明度提高，管理层窖藏负面消息的动机受到约束，股价崩盘风险降低。因此，本书从沪港通政策实施这一事件出发，探讨其对分析师预测行为、融资约束以及股价崩盘风险等方面的影响，拓展了资本市场开放的经济后果研究，为探索股票市场开放对我国资本配置效率的影响提供了微观证据。同时也丰富了分析师预测行为、融资约束、股价崩盘风险影响因素的文献。

2. 实践意义

第一，监管部门角度。封闭的金融体系不可能使一国经济维持高水平持续增长，中国人民币国际化道路也需要一个开放的资本市场。推动新一轮资本市场对外开放已然成为我国金融领域供给侧结构性改革的重要议题。未来在风险可控范围内还将增加沪港通、深港通额度与标的股数量，并在此基础上继续推出沪伦通、沪台通。因此，关于沪港通政策的实施效果研究已成为学术界关注的热点。本书系统构建了沪港通政策的经济后果研究体系，并从股票市场效率与实体经济两方面进行检验，这为政府及监管部门进一步推动新一轮高水平资本市场开放提供了政策参考。

第二，上市公司角度。封闭的资本账户无法满足海外资本参与中国经济增长的意愿。沪港通政策的启动必将为相关标的公司引入更多的国际机构投资者，这些来自发达地区的机构投资者或跟踪调研上市公司，或买入上市公司股票成为重要股东。同时，沪港通机制会促使标的公司受到更多的证券分析师跟踪报道以及更多的媒体关注。因此，本书的研究有利于引导上市公司在国际机构投资者、证券分析师、媒体等多方位市场主体的监督下，规范信息披露制度，提升内部治理水平，提高国际知名度。

第三，中介机构角度。开放的资本市场会引入更多的海外投资者参与标的股票价格竞争，这对券商等信息服务中介机构既是机遇，也是挑战。沪港通必将成为在国际化道路上探索多年的本土券商的行业拐点，财务分析师在预测方法上还须改进盈余预测模型，才能提供让国际投资者认可的盈余预测报告，同时还要精通各国语言以更好地服务海外投资者。本书的研究表明，提高分析师的国际化能力、提升分析师跨境服务质量至关重要，这为推动券商实施国际化路线，促进分析师行业国际化发展，完善行业顶层设计提供了有益启示。

总之，无论在资本市场理论发展方面还是在资本市场实践建设方面，本书的研究问题都具有重要的价值与意义。理论上，本书的研究有利于拓展资本市场开放经济后果的研究视野、结构框架与内容体系，提供基于发展中国家制度背景的实证证据；实践上，本书的研究有利于引导资本市场主体发挥各自的角色功能，完善投资者保护制度、退市制度、停牌制度等各项金融基础制度，促进我国资本市场的多层次健康发展。

二、研究思路与方法

（一）研究思路

本书从沪港通政策实施这一外生事件出发，以新古典经济学理论、金融发展理论、代理理论与信息不对称理论为基础建立分析框架，嵌入有效市场假说、投资者认知假说、市场分割假说，从股票市场效率和实体经济两个方面剖析沪港通机制带来的影响及作用机理。具体而言，基于新古典经济学理论、金融发展理论，主要回答一个基本问题：发展中国家实施资本市场开放的动因是什么？基于有效市场假说、投资者认知假说等理论，主要回答以下两个问题：①资本市场开放的影响及作用机理是什么？②沪港通机制的政策效应有哪些？基于代理理论与信息不对称理论，主要探讨为什么选择融资约束、股价崩盘风险作为本书研究的经济后果：①沪港通政策实施后，标的公司分析师数量是否增加？分析师预测精确度是否提高？预测分歧度是否降低？②沪港通机制是否会纾解融资约束？其影响机理是什么？③沪港通机制能否降低标的证券股价崩盘风险？其传导路径是什么？本书内容严格按照以上逻辑思路展开。

（二）研究方法

本书总体上采用理论分析与实证检验相结合，定性分析与定量分析并重的研究方法。具体如下。

第一，跨学科综合分析。在整个研究过程中，不但涵盖会计与财务管理知识，还广泛运用了经济学、金融学、统计学等领域的相关理论与方法，极大丰富了研究视野，也为研究资本市场开放的经济后果打下了坚实的基础。

第二，归纳与演绎式分析推理。首先，采用文献研究法对目前国内外关于资本市场开放经济后果的文献进行全面梳理与评述；其次，在此基础上找出现有文献体系中本研究领域的空白，归纳出拟研究的问题；最后，将有效市场假说、投资者认知假说、流动性假说、市场分割理论、供求均衡理论、代理理论、信息不对称理论纳入框架体系，进行演绎式分析推理，提出本书的理论假设。

第三，计量方法综合运用。在实证分析中，广泛运用了单变量分析、非参数检验、主成分分析、普通最小二乘法（OLS）、双重差分模型（DID）等基本的计量经济学方法，同时，在稳健性测试与内生性问题中，综合采用了倾向得分匹配（PSM）、动态 DID 模型、安慰剂检验（Placebo Test）来缓解标的公司与非标的公司的自选择偏误，以保证本书结论的可靠性。

三、研究内容与结构

（一）研究内容

与上述研究思路一脉相承，本书在研究内容设计上，首先构建了资本市场开放经济后果研究的理论框架，然后确立重点研究领域并提出基本假设，最后形成研究体系。具体内容如下。

首先，在新古典经济学理论、金融发展理论分析范式下解析资本市场开放的缘由。根据边际收益递减规律，发达国家资本充裕，资本边际产出较低；发展中国家资本匮乏，资本边际产出较高。在资本自由流动且没有管制的情况下，资本会从富裕的发达国家流向贫穷的发展中国家，从而促进发展中国家扩大投资，推动经济增长，而发达国家获得了更高的投资收益。金融抑制理论认为，发展中国家大多实行金融管制，导致本国金融资产价格严重扭曲，无法反映资源的稀缺性，并且人为干预市场机制现象较为普遍，金融效率低下。而要打破资本市场的分割与管制，解除金融抑制，提高资源配置效率，切实可行的措施就是实行金融深化，即金融自由化政策。但是，发展中国家制度不够健全，金融基础设施也不够完善，这些特点决定了金融自由化改革不可能一蹴而就，而应当采取金融约束的方式逐步实施。因此，金融抑制理论、金融深化理论、金融约束理论很好地诠释了新兴经济体实施资本市场开放的内生需求。

其次，利用有效市场假说、投资者认知假说、流动性假说、市场分割理论、供需均衡理论全面阐述了资本市场开放的功能发挥及传导机制。有效市场假说认为，提高证券市场的有效性，根源在于解决证券价格形成过程中的信息披露、传递、解读、反馈等各个环节出现的问题。资本市场开放实现了新兴市场与发达市场的对接，有利于新兴市场完善公开信息披露制度，提升股票市场定价效率。投资者认知假说认为，如果一家公司股票能够被更多的投资者认知，则会降低投资者预期收益，进而降低公司权益资金成本，提高股票市场价值。资本市场开放的功能之一就是增加上市公司投资者基数，因而有助于提高公司价值。流动性假说认为，股票流动性与权益资本成本存在相关性，流动性提高在一定程度上能够降低流动性风险溢价，进而降低公司权益资本成本。资本市场对外开放吸引了更多海外资金参与价格竞争，有利于增强相关标的股票的流动性，降低权益资本成本。市场分割理论认为，由于存在地缘、法律、偏好等其他因素限制，投资者持有的证券不能在不同的市场实现无成本的自由转移。分割的市场会产生信息、资本跨境流通障碍等，增加相关证券的风险溢价。沪港通政策的启动有利于改变中国内地与中国香港市场的分割现状，降低标的股票风险溢价。此外，微观经济学中的供需均衡理论亦可用来解释资本市场开放后相关上市公司分析师数量增加的现象。沪港通政策实施后，国际投资者对上市公司信息的需求增加，这会促进分析师服务需求曲线向右移动；同时，上市公司公开披露的信息更多，导致分析师搜集信息的成本降低，分析师服务供给曲线右移，最终导致分析师跟踪数量的均衡值增加。

再次，阐述了沪港通机制产生的政策效应。一方面，沪港通机制引进了大量来自发达地区的机构投资者，这些国际机构投资者或关注跟踪上市公司，或买入上市公司股票成为战略股东。它们往往拥有较成熟的投资理念以及较强的投资者保护意识。为维护自身利益、避免侵占风险，它们会积极参与公司治理。因而沪港通机制具有“治理效应”。另一方面，沪港通机制带来国际机构投资者的同时，会促进跨境服务需求的增加。更多分析师跟踪标的上市公司，会加强对上市公司的监督，约束管理层盈余管理动机，改善公司信息环境。同时，更多媒体关注、报道相关上市公司，可提升公司信息透明度。因而，沪港通机制具有“信息效应”。

最后，根据本书确定的重点研究领域进行实证检验。第一，沪港通机制是否改善标的公司信息环境？主要以分析师预测行为作为信息环境的代理变量，分别从分析师跟踪数量、分析师预测精确度、分析师预测分歧度三个维度进行检验。第二，沪港通机制是否会缓解企业融资约束？主要以现金-现金流敏感性指标测度公司融资约束程度。在稳健性测试中，以投资-现金流敏感性模型进行变量替换。在主假设基础上，以信息环境作为调节变量，探讨信息环境在沪港通机制与企业融资约束之间的调节作用。作用路径分析表明，沪港通机制有利于标的公司以较低的成本在资本市场中获得发展所需资金，提高了股权融资额度，同时也改善了公司过度依赖债务资金的失衡融资结构，进而提升了融资效率。第三，沪港通机制是否降低了标的公司股价崩盘风险？主要以股票负收益率偏态系数、收益上下波动率衡量股价崩盘风险，在稳健性测试中，以年度内股价暴跌频率进行变量替换。在主假设基础上，同样以信息环境作为调节变量，探讨信息环境在沪港通机制与股价崩盘风险之间的调节作用。进一步分析中，主要聚焦流动性水平与治理水平两个方面，考察沪港通影响股价崩盘风险的具体路径。

（二）研究结构

本书研究结构分为导论、研究主体和研究总结三大部分，如图 0-2 所示。具体安排如下。

导论。本部分主要说明研究的背景、意义，阐述研究的思路与方法，概括研究内容，建立研究的逻辑框架，为下文的全面展开做铺垫。

第一章是制度背景与文献回顾。本章首先从新古典经济学理论出发，分析了发展中国家实施资本市场开放的缘由，从金融发展理论出发，更深层次阐述了发展中国家实施资本市场开放的内生需求；其次，系统回顾了我国资本市场改革开放的发展历程以及制度变迁，明晰了我国资本市场的制度特征；再次，全面梳理了国内外关于资本市场开放的文献，通过比较国内外关于资本市场开放经济后果的文献，评价现有文献可能存在的局限性；最后，在文献回顾及制度分析的基础上，提炼出基于中国特色资本市场制度背景，资本市场开放经济后果研究可以拓展的领域，为后续理论假设与实证检验打下坚实的基础。

第二章是资本市场开放经济后果的理论分析。本章首先介绍了信息不对称理论、代理理论、市场分割理论、有效市场假说等，并在此基础上剖析了资本市场开放的功能发挥及传导机制；其次分析了资本市场开放所产生的经济后果，包括对股票市场以及实体经济两个方面的影响；最后阐述了沪港通政策的特点及产生的政策效应，建立沪港通政策经济后果的分析框架。

第三章是资本市场开放与信息环境。本章将分析师预测行为作为信息环境的代理变量，从分析师跟踪数量、分析师预测精确度、分析师预测分歧度三个维度进行假设检验。

第四章是资本市场开放、信息环境与融资约束。本章首先基于信息不对称与代理冲突理论框架，检验沪港通机制对融资约束的影响；其次，在主假设的基础上，引入信息环境作为调节变量，检验信息环境在沪港通与融资约束之间的调节作用；最后在进一步分析中，考察沪港通机制对融资约束的作用路径。

第五章是资本市场开放、信息环境与股价崩盘风险。本章首先同样基于信息不对称与代理冲突理论框架，检验沪港通机制对股价崩盘风险的影响；其次，在主假设基础上，引入信息环境作为调节变量，检验信息环境在沪港通与股价崩盘风险之间的调节作用；最后在进一步分析中，考察了沪港通机制对股价崩盘风险的影响机理。

第六章是研究总结，得出结论与政策启示，并对未来研究进行展望。根据本书实证得出的结论，提出具有可操作性的对策与建议，并指出本书研究的局限性及未来需要拓展的研究领域。

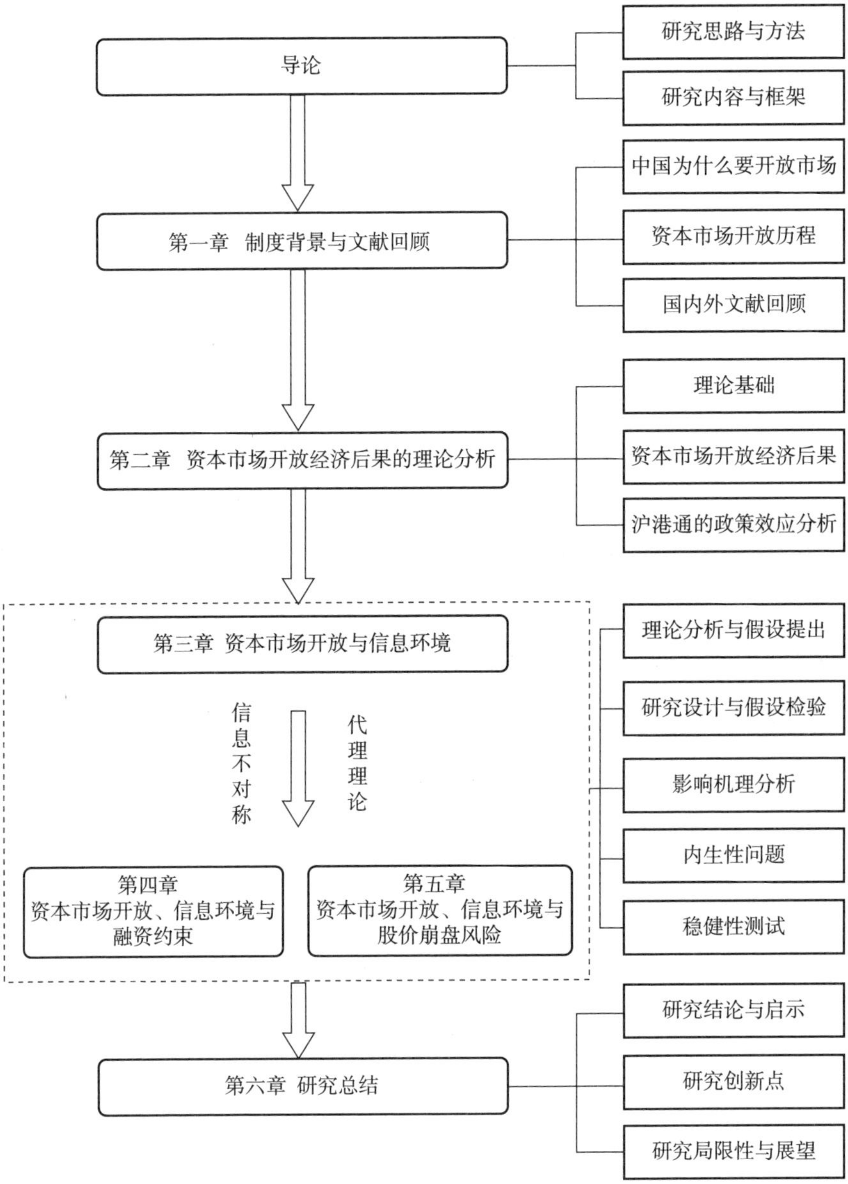

图 0-2 本书研究结构

第一章

制度背景与文献回顾

第一节　制度背景分析

2004年1月，国务院印发《国务院关于推进资本市场改革开放和稳定发展的若干意见》，党中央高屋建瓴，首次将发展资本市场上升到国家战略高度，提出了九个方面纲领性意见（简称“国九条”），这为我国资本市场较长一段时期的改革与发展指明了方向。2013年11月，中共十八届三中全会指出，健全多层次资本市场体系，并将资本市场改革视为我国经济转型升级的一项战略任务。2014年5月，国务院印发《国务院关于进一步促进资本市场健康发展的若干意见》（简称新“国九条”），明确提出扩大资本市场开放。这些政策无不体现了党中央对资本市场改革发展的高度重视，我国资本市场迎来了国务院层面的顶层设计。

一、中国为什么要扩大资本市场开放

（一）发展中国家资本市场开放的动因分析

1. 新古典经济学理论分析

新古典经济学（New Classical Economics）是20世纪70年代由“边际革命”发展起来的一个经济学流派。它一方面继承了古典经济学经济自由主义思想；另一方面，又以需求为核心代替了古典经济学以供给为核心的分析方法，以边际效应价值论取代了古典经济学的劳动价值论。新古典经济学理论形成之后，成为当时经济理论的主流。其代表人物主要有马歇尔、张伯伦、凯恩斯等。新古典经济学认为边际效用递减规律是解释一切经济现象的基础，运用这一规律可以解释市场中的买方对于一批相同价格商品采取的不同购买行为、市场参与者对价格的不同反应、各种资源在不同用途之间的优化配置等各类经济问题。

新古典经济学对于解释发展中国家为什么实行资本市场开放政策非常重要。两个国家生产同样的产品，在规模报酬不变以及生产函数相同的情况下，如果最终的人均产出不同，则必然是由于人均资本不同。边际效用递减规律的基本含义是：假定消费者对其他商品的消费数量保持不变，则消费者从该商品连续增加的每一消费单元中得到的效用增量是递减的。根据这个规律，发达国家资本充裕，资本边际产出较低；发展中国家资本匮乏，资本边际产出较高。在资本自由流动且没有管制的情况下，资本会从富裕的发达国家流向贫穷的发展中国家，从而促进发展中国家扩大投资，推动经济增长，而发达国家则可以获得更高的投资收益。新古典经济学较好地解释了资本市场开放与资本供给的关系，成为发展中国家推行资本市场开放的重要理论依据。

2. 金融发展理论分析

金融发展理论（Financial Development Theory）始于20世纪40年代末，主要研究金融发展与经济增长的关系以及金融体系在经济发展中所起的作用。发展至今，具体包括了金融抑制理论、金融深化理论、金融约束理论三大理论体系，已成为研究发展中国家资本市场开放的基础理论。

（1）金融抑制理论

20世纪70年代，经济学家罗纳德·I. 麦金农在其著作《经济发展中的货币与资本》中提出了金融抑制理论（Financial Repression）。该理论的主要观点是，发展中国家对金融活动、金融体系实行过多的政府干预，致使本国市场机制不能完全发挥作用，造成金融机构形式单一、金融资产价格严重扭曲、金融效率极为低下等现象。金融体系的滞后又阻碍了经济的发展，从而造成经济落后与金融抑制恶性循环。金融抑制政策产生了诸多弊端，具体表现在：管制金融机构，使金融机构失去了公平竞争环境，增加了其运行成本，并使其提供的金融资产不能满足投资者的需求；管制利率，压低了居民储蓄水平，加剧了对实物资产投资的需求，增加了通货膨胀压力，降低了资源配置效率；实行特别的信贷机制，政府将廉价的信贷资源引至少数特别的银行机构，导致大量中小企业很难从外部获取资金用于扩大再生产，抑制了企业技术进步。

为此，罗纳德·I. 麦金农对发展中国家提出了一系列金融体制改革主张，包括：取消政府对金融机构的管制，恢复其中介作用；放松对利率的管制，引入竞争性的利率机制；推行金融自由化，打破市场分割现状。

（2）金融深化理论

20 世纪 70 年代，经济学家爱德华·肖在其著作《经济发展中的金融深化》中提出了金融深化理论（Financial Deepening）。其核心要点是，发展中国家要发挥金融市场的资源配置作用，就必须解除金融抑制，推行金融深化或金融自由化。政府应当放弃对金融市场的过分干预，放松对汇率和利率的管制，使经济与金融形成相互促进的良性循环。具体措施包括：改革货币政策，放松对利率的管制，消除通货膨胀的政策倾向，使居民储蓄得到合理配置，吸引场外货币到实体经济中；改革信贷机制，打破银行机构垄断，消除人为因素导致的市场分割，支持商业银行机构的发展，促进银行业的公平竞争；金融自由化与税收改革、外汇改革同步进行，着力完善金融基础设施建设。

金融抑制理论、金融深化理论的提出，被视为货币金融理论与发展经济学的重大突破，在经济学界引起了强烈反响，标志着以新兴市场经济体为研究对象的金融发展理论真正产生。20 世纪 80 年代末至 90 年代初，许多发展中国家受该理论的影响陆续开放本国资本市场。

（3）金融约束理论

发展中国家金融自由化的实践结果不尽人意，许多经济学家开始反思和检讨现有的金融发展理论。斯蒂格利茨（1991）在新凯恩斯理论分析的基础上，深刻总结了资本市场失灵的原因，主张政府对金融市场采取适度管制的措施，并根据一定的标准确定监管的范围。在此基础上，赫尔曼等（1997）在《金融约束：一个新的分析框架》中提出了金融约束理论（Financial Constraint），认为对于新兴经济体而言，金融抑制的教训深刻，金融自由化又达不到预期效果，因此有必要推行第三条路——金融约束。

该理论的核心要义是，政府通过推行一组金融政策在民间创造租金机会，目的在于既预防金融抑制的危害，又促进资本市场更好地服务于实体经济。具体的金融政策包括：控制存贷款利率，适当限制市场准入，适度管制来自资本市场的竞争。金融约束的实质是政府借助为银行和私人部门创造租金的方式促进而非抑制金融深化，推动而非减缓经济增长。政府扮演的角色并没有像在金融抑制中一样攫取租金。相反，对存款利率的限制为金融部门创造了租金，对贷款利率的限制也为生产部门创造了租金。金融约束理论是建立在东南亚金融危机基础上的理论思考与实践总结。正如赫尔曼所言，发展中国家金融自由化不可能在一夜之间完成。而金融约束则是从金融抑制状态走向金融开放状态的过渡，是金融深化理论的丰富与发展。我国启动基于双边开放的沪港通政策正是严格参照了金融约束理论，遵循逐步开放、审慎推进的原则。

（二）我国实施沪港通机制的内生需求

我国之所以实施资本市场双向开放，除了符合前文分析的发展中国家资本市场开放动因，还有中国特色的国情因素在起作用。

1. 境内外资产的全球配置

1981 年，美国诺贝尔经济学奖获得者詹姆斯·托宾（James Tobin）提出了著名的投资组合理论（Portfolio Theory），其核心观点是：不要把所有鸡蛋放在一个篮子里。因此，资产配置多元化是投资者的唯一选择。在经济全球化背景下，分散投资风险，实现资产全球配置，已成为必然趋势。一方面，随着我国经济改革红利的释放，居民财富不断增加，在国内投资渠道单一情况下，投资者对海外资产配置的需求与日俱增；另一方面，随着中国经济的持续高速增长，国内资产的吸引力不断增加，国际投资者参与中国经济增长的愿望也愈加强烈。作为世界上最大的发展中国家之一，我国资本市场开放具有巨大的潜能，既符合本土金融全球资产配置需求，又能满足海外投资者参与中国经济增长的愿望。

2. 人民币国际化趋势

1969 年，美国经济学家卡鲁潘·切提提出了货币替代理论（Currency Substitution Theory）。该理论的基本含义是：一国居民根据对货币的投机需求、预防需求、交易需求，综合考虑货币持有成本，选择使自己效用最大化的货币资金组合。货币替代实质是替代国获得对被替代国的优势地位，从而为本国获取更多经济、政治利益。货币替代理论是人民币国际化的理论基础。

作为全球第二大经济体，中国早已成为世界上最有活力的贸易支点之一。然而，人民币却还只是全球第三大交易货币，推动人民币国际化进程已成各届政府着力解决的课题。人民币国际化必须建立强大的资金池与资金回流池，而开放的资本市场完全可以实现这项功能。同时，开放的资本市场提供了国际投资者跨境投资渠道，促进了人民币的“自由使用”与“广泛使用”，因此，资本市场开放是人民币国际化的重要推动者。反过来，人民币国际化是中国在全球资本市场中的锚，人民币国际化有利于促进资本市场进一步开放，为境外投资者投资国内资产创造便利条件。因此，人民币国际化与资本市场开放是相辅相成的。

3. “一带一路”倡议推进

2013 年 9 月和 10 月，国家主席习近平分别提出了建设“新丝绸之路经济带”“21 世纪海上之路”的合作倡议，旨在构建与沿线国家经济融合、政治互信、文化包容的互联互通网络，促进经济要素有序自由流动、市场深度融合、资源高效配置。在产能过剩、外汇资产过剩、油气资源进口依存度高的背景下，“一带一路”倡议以开放经济理论、自由贸易理论为基础，构建了我国开放型经济的新体系，也成为中国对外开放的总纲领。

产业链的国际布局已成我国未来几十年推动经济增长的新支点，也是提升中国国际地位的重要途径。随着本届政府高度重视“一带一路”倡议的发展，中国企业跨境投资与需求逐年递增。据海关部门公布的相关数据①，2014—2016 年，中国上市公司共完成跨境并购 230 起，涉及交易金额 370 亿美元，并购规模超过 2007—2013 年的总和，这些交易都需要资本市场全方位、全球化的支持。如果资本账户开放程度跟不上企业“走出去”的步伐，势必会影响“一带一路”倡议的持续推进。与此同时，企业“走出去”创造的巨大金融需求也是资本潜在的市场。因此，“一带一路”倡议的推进需要开放的资本市场。

二、我国资本市场改革开放发展历程

从 1990 年相继成立沪、深证券交易所开始，我国的资本市场已经走过 30 多年的历史。过去的 30 多年，是中国经济增长驶上快车道的 30

① 数据来源：Wind，中国企业跨境并购报告。

多年，也是我国资本市场砥砺奋进、栉风沐雨的30多年。当前，在全球资产配置盛行、人民币国际化进程加快以及“一带一路”倡议持续推进的背景下，扩大对外开放已然是资本市场改革的主旋律。本节将从B股市场、交叉上市、QFII、RQFII、沪港通、深港通等方面全面概述我国资本市场改革开放的发展历程。

（一）B股市场成立

1992年2月，随着第一只B股（电真空B）在上海交易所上市，B股正式登上中国资本市场的历史舞台。B股的正式名称叫人民币特种股票，是以人民币标明面值，以外币认购和买卖，在上海证券交易所、深圳证券交易所上市的外资股。B股公司的注册地与上市地均在境内。

从发行数量来看，截至1997年末，B股一共有101家上市公司，但到2000年雷伊B上市后，再没有B股上市。由于最近几年推行B转A、B转H等方案改革，到目前为止，B股仅有85家，数量已不及A股的3%。

从投资人类型来看，2001年2月19日之前，B股仅限外国投资者买卖；2001年2月21日，中国证监会联合国家外汇管理局宣布，B股市场对国内自然人开放。现阶段的投资者主要是国内外的投资机构。

从功能定位来看，基于当时我国资本账户处于半封闭状态、外汇不可自由兑换情境，政府亟须建立一条既能使国内企业获得外汇资本，又可以吸引国际投资者的融资渠道。建立之初，B股的确为中国经济发展、金融深化改革作出了重要贡献，使国内企业真正实现了国际化融资。

从市场运行现状来看，B股的辉煌太过短暂。当年这块肩负融资功能、吸引国际资本的改革试验田，目前已逐步走向边缘化。近年来，B股融资功能急剧衰退，交投清淡，有时一天的总成交量还比不上A股一只股票的交易量，已经逐渐被投资者遗忘，只有偶尔几次暴涨暴跌才会吸引投资者眼球、吸引媒体的关注[①]。究其原因，一方面是制度层面定位模糊，B 股推行不久政府又推出 H 股等其他境外上市途径，导致其功能被分解；另一方面是发展困难，大部分时间没有新股发行，市场持续低迷，其功能严重退化。

（二）推行交叉上市

交叉上市（Cross-Listing），是指一家公司同时在境内和境外多个证券市场发行股票的行为。交叉上市也是资本市场开放的一种形式，其目的在于拓宽融资渠道、降低融资成本。1993 年 7 月 15 日，青岛啤酒（HK00168）正式登陆香港联合交易所，拉开了我国本土企业赴境外上市的序幕。由于受到制度设计以及国家政策导向的影响，我国企业交叉上市的过程呈现明显的阶段性特点，主要分为以下几个阶段。

第一阶段（1993—1997 年）：政府对本土企业赴境外上市最初按照面向国有企业的分批预选制度执行，由中国证监会负责筛选，促成大型国有企业赴中国香港上市，以缓解处于初级阶段的我国资本市场融资不足问题。其间共有 28 家企业成功登陆香港联合交易所，募集资金超过了 300 亿港元。

第二阶段（2000—2005 年）：1998 年，亚洲金融危机爆发，为隔离危机传染效应，政府暂停了境外交叉上市的进程。2000 年，赴境外交叉上市制度重启，同时为避免 A 股市场空心化风险，中国证监会鼓励业绩良好的境外上市企业回归中国内地资本市场发行股票，“海归股”开启渐次回归。其间共有 17 家公司实现交叉上市，其中“海归股”有 13 家。但在 2003 年之后，由于国际市场的溢出效应以及境外上市企业业绩未达到预期，投资者普遍质疑其回国圈钱动机，中国证监会对海归股政策由支持转为观望，渐次回归脚步放缓。

---

① 1992 年至今，B 股指数共有 84 次跌幅超过 6%的情况。其中，2015 年 12 月 28 日，受国家外汇管理新规影响，B 股指数大幅下挫 7.9%，成为历史上跌幅最大的一次。

第三阶段（2006 年以后）：随着越来越多优质本土企业赴境外上市，A 股市场出现边缘化与空心化趋势。许多学者认为，缺少优质企业支撑的市场将失去“价格风向标”，资本市场的资源配置功能大为削弱。于是，中国证监会出台各种优惠政策鼓励境外绩优股回归。乘股权分置改革之东风，境外上市企业掀起回归 A 股的热潮，仅在 2006 年当年就有 9 家企业实现 A 股 IPO，并于 2012 年再掀高潮。截至 2024 年 9 月 17 日，我国 A 股和 H 股交叉上市的公司共有 149 家。

（三）引入境外投资者

1. QFII

QFII（Qualified Foreign Institutional Investor），中文含义是合格境外机构投资者。QFII 制度是外国投资机构到我国境内投资的认定机制。QFII 制度是在我国资本账户尚未开放、外汇不能完全自由承兑的情况下，有限制地引进国际资本，开放股票市场的一种过渡性制度。这种制度要求外国投资者必须在注册资本、经营期限、财务状况、是否有违规记录等方面符合中国证监会规定的标准，才可以获得一定额度的资金，投资中国内地股票市场。

2002 年 6 月，中国证监会主席在出席国际证监会组织的年会时正式谈到 QFII 制度，并给予高度评价。2002 年 11 月，《合格境外机构投资者境内证券投资管理暂行办法》正式出台。2003 年 7 月 9 日上午，随着瑞银高管发出第一单指令买入中兴通讯、外运发展、上港集箱、宝钢股份，备受瞩目的 QFII 制度正式亮相中国资本市场的历史舞台，同时也标志着我国资本市场掀开了新的篇章。

QFII 制度引入初期，中国证监会对其投资范围、投资额度均作了严格限制。允许 QFII 投资的范围包括在证券交易所挂牌交易的股票、基金、国债等，但不包括 B 股。2003 年当年批准的投资总额度仅有 17

亿美元，并且投资于单只股票的比例不能超过10%。这些规定均体现了发展中国家渐进式开放的特点。随着我国资本市场开放程度的不断提高，截至2018年，在过去的16年间，中国证监会先后5次放宽QFII投资额度与投资范围，3次以上降低合格境外机构投资者申请准入标准。到了2018年末，我国QFII总额度已扩大至1500亿美元，共有312家合格境外机构获得QFII资格，获批总额度为994.59亿美元①。

合格境外机构投资者偏好绩优蓝筹股，崇尚价值投资，重视上市公司红利收益，关注企业长远发展。引入QFII以后，其理性的投资观念深刻影响了境内投资者行为，有效降低了市场波动性，提升了上市公司治理水平，极大提高了我国资本市场配置效率。多年来，QFII规模不断发展壮大，已成为我国资本市场重要的做多力量，其价值投资理念深入人心，成为引领市场投资的风向标，对于资本市场的稳定发挥了不可估量的作用。

2. RQFII

RQFII（RMB Qualified Foreign Institutional Investor），中文含义是人民币合格境外机构投资者。2011年8月，时任国务院副总理李克强在中国香港出席两地经贸合作论坛时宣布，将允许合格境外机构投资者（RQFII）以人民币投资中国内地证券市场，起步金额为200亿元人民币，投资股票类资金不得超过总金额的20%。同年11月，中国证监会联合多家部门发布了RQFII业务试点办法，随后，RQFII额度很快发放。自此，境外投资者又获得了一条投资中国内地资本市场的渠道。2013年，中国证监会根据资本市场开放的需要，又修订了RQFII投资试点办法，放宽了资格认证限制，扩大了试点规模及范围。截至2018年末，共有226家机构获得RQFII资格，总额度为1.5万亿元人民币，

① 数据来源：东方财富Choice金融终端数据库。

获批额度为6148.52亿元人民币①。

RQFII制度又称“小QFII制度”，是境外机构以人民币投资中国内地证券市场的制度，而QFII制度是境外机构募集美元获批以后，需要转换为人民币再投资中国内地证券市场，所以二者的本质区别在于所使用的货币不同。

RQFII相关机制的实施同样对我国资本市场具有重大意义。第一，为我国股票市场带来了更多的增量资金，增强了市场流动性；第二，建立了人民币回流机制，加速了人民币国际化进程；第三，使得更多境外机构投资者进入中国资本市场，带来了先进的投资理念，同时也倒逼中国内地金融机构提升实力，这种“鲇鱼效应”使我国资本市场发展更健康、更成熟。

（四）中国内地市场与中国香港市场互联互通机制

1. 沪港通

沪港通，是上海证券交易所和香港联合交易所允许两地投资者通过当地证券公司买卖规定范围内在对方交易所上市的股票，是两大股票市场的互联互通机制，具体包括沪股通与港股通。2014年4月10日，时任国务院总理李克强在亚洲博鳌论坛上正式宣布，中国将推动新一轮高水平对外开放，并积极创造条件，建立上海与中国香港股票市场交易互联互通机制。2014年11月17日，备受全球瞩目的沪港通机制正式通车。

试点初期，中国证监会对跨境投资设置了总额度与每日额度，并采取实时监控。其中，沪股通总额度为3000亿元人民币，每日额度为130亿元人民币；港股通总额度为2500亿元人民币，每日额度为105亿元人民币。2016年8月，中国证监会宣布取消沪港通总额度限制。2018

① 数据来源：东方财富Choice金融终端数据库。

年 4 月，中国证监会在亚洲博鳌论坛上再次宣告，沪港通和港股通每日额度扩大 4 倍，分别调整为 520 亿元人民币、420 亿元人民币。这一系列举措彰显了我国资本市场对外开放的决心与信心。

试点期间，中国证监会对两地市场股票投资试点范围也作了明确规定。沪股通方面，首批标的股为上证 180 指数成分股、上证 380 指数成分股以及上海证券交易所上市的 A+H 股公司股票，标的股总市值约占沪市股票总市值的 90%、日均交易量的 80%；港股通方面，主要包括香港联合交易所恒生综合中型股指数的成分股、综合大型股指数以及香港联合交易所上市的 A+H 股公司股票。

2. 深港通

深港通，类似沪港通，是深圳证券交易所与香港联合交易所之间建立的互联互通试点机制。2014 年 9 月，中国证监会首次表示，在沪港通试点基础上，深化深港两地交易所合作内容与方式，促进两地市场共同繁荣。2016 年 8 月，国务院正式批准深港通试点实施方案。2016 年 12 月 5 日，深港通机制正式开闸，这一举措进一步深化了中国内地与中国香港股票市场的联系，同时也满足了投资者多样化的投资需求，成为我国资本市场国际化进程的加速器。

试点之初，深港通不设总额限制，但为了防范资本大幅流动风险，深港通限制了每日额度，和沪港通一样，深股通每日额度为 130 亿元，港股通每日额度为 105 亿元。2018 年 4 月，中国证监会宣布扩大深港通和港股通每日额度限制，分别增加到 520 亿元、420 亿元。

试点期间，深股通的标的股范围包括市值超过 60 亿元的深证成分指数和深证中小创新指数的成分股，以及深圳证券交易所上市的 A+H 股公司股票，标的股总市值约占深市股票总市值的 71%、日均交易量的 66%。沪股通标的股偏向于大型蓝筹股，而深股通标的股则体现了新兴行业、成长性等特点。深港通下的港股通标的范围主要是在原来沪港通基础上新增市值在50亿元以上的恒生综合小型股指数的成分股。

深港通复制了沪港通机制的成功经验，是中国内地交易所与中国香港联合交易所再度建立的连接机制，满足了国际投资者多元化的投资风格与风险管理需求，标志着我国资本市场在国际化、市场化、法治化方向又迈出了一大步。从此之后，沪、深、港三地股票市场出现了“水池联体、水管联通、水位联动”的共同发展局面，极大提升了中国内地与中国香港金融中心的国际地位，显著增强了我国资本市场的综合实力。

三、沪港通试点机制的创新性及意义

本书主要基于沪港通视角探讨资本市场开放的经济后果，因此，本部分聚焦分析沪港通机制的创新性及对我国内地资本市场产生的深远影响。

（一）沪港通机制的创新性

从战略意义上审视沪港通，它不是上交所与港交所两大机构的简单对接，而是具有鲜明特色的发展中国家资本市场与完全开放的发达资本市场的联通，两大市场在投资者结构、交易制度、监管体系方面都存在巨大差异，这样的对接必将产生激烈的碰撞，在制度安排、技术支持、风险防范等方面都要反复斟酌、演练，这种复杂性决定了其卓越的创新性。

1. 制度设计的创新

沪港通采用“闭环运行模式”对资金进行管理，即卖出股票获得的资金必须按原路返回，不能滞留在当地市场。相比现有资本市场开放的其他形式，资金可以停留在当地市场，这种模式体现了其优越性，可以较好地缓解资本流动对地区经济及金融体系的冲击。

2. 业务载体的创新

沪港通以两地交易所为业务载体，建立市场对接，实现了投资者跨境投资的新模式。而QFII等制度则以资产管理公司为载体，通过向投资者发行金融产品吸收资金进行投资，这种模式存在审批较为烦琐、规模相对有限等弊端。

3. 风险防范的创新

中国证监会对沪港通机制的风险防范也做足了功课。采取标的股票管理、每日限额、实时监控等方式，一旦市场出现极端情况，可以随时暂停互联互通机制，如果某只股票出现极端操纵风险，也可及时关闭交易通道。

（二）沪港通机制的意义

作为我国资本市场对外开放的创新机制，沪港通的启动具有多方面的积极意义。

1. 从宏观视角来看

第一，有助于增强我国资本市场综合实力。沪港通加深了两地监管机构跨境监管合作，增加了投资者渠道，提升了市场国际竞争力。

第二，有助于巩固上海国际金融中心的地位。沪港通改善了中国内地市场投资者结构，增加了投资者基础，推进了上海金融中心的国际化建设。

第三，有助于推动人民币国际化进程。沪港通既便利了中国内地投资者以人民币投资境外市场，也丰富了境外人民币资金的投资渠道，有利于人民币在两地市场的自由流通。

2. 从市场效率来看

沪港通启动对市场最直接的作用主要表现在两方面。

一方面，引入了更多来自发达地区的国际机构投资者参与A股价格竞争，提高了市场流动性，价值投资理念深入人心。

另一方面，中国内地资本市场与发达的中国香港资本市场联通，对于中国内地投资者来说，接触了先进的市场理念，其投资行为和投资取向可能会发生变化；对于中国内地监管机构来说，可以学习到成熟的管理模式，有利于提高执法水平、完善监管制度。另外，沪港通政策的实施，有利于降低股票市场收益波动性，提高股价信息含量，最终提升市场有效性。

3. 从微观视角来看

资本市场的发展最终要服务于实体经济。沪港通机制对于企业的影响表现在四方面。

第一，随着更多的分析师跟踪和更多的媒体及市场信息中介机构的关注，公司信息环境得以改善。

第二，随着国际投资者介入相关标的公司股票，成为重要股东，公司治理水平获得提升。

第三，随着公司信息环境改善，治理水平提升，可有效抑制公司信息不对称及代理冲突，因而公司融资约束得以缓解，股价信息含量得以提高。

第四，随着公司投资者基础的增加，流动性水平提升，有效降低了公司资本成本，提高了企业价值。

第二节　资本市场开放的经济后果文献回顾

20 世纪 90 年代初，许多新兴经济体加大资本市场开放，允许更多的外国投资者购买本国股票。大量的文献考察了这种政策的经济后果，包括对股票市场效率以及实体经济等方面的影响。然而实证结论莫衷一是，已成为国际金融领域极具争议的话题之一（Gupta 和 Yuan，2009）。

下文将从股票市场及实体经济两方面进行文献梳理与回顾。

一、资本市场开放对股票市场影响的文献回顾

（一）积极影响

依据有效市场假说，资本市场开放有助于吸引更多的境外机构投资者参与价格竞争，这些跨境投资者具有成熟的投资理念、理性的投资行为，追求价值投资，因而能够提高股票市场定价效率，给资本市场带来积极影响。

1. 资本市场开放与系统风险

Chari 和 Henry（2004）以股票市场开放作为外生冲击事件，运用双重差分模型，检验风险分担与资产定价的关系，研究表明，当公司股票成为外国人投资标的股后，股票估值发生了调整，调整幅度约为15.1%，并且股票市场开放提高了相关证券风险分担程度，降低了系统风险性。Eun 和 Huang（2007）也得出了相似的结论。Chan 和 Kwok（2017）研究发现沪港通开通以后，当地市场价格发生了重估。对于标的公司，约 1/4 的股票价格重估均可归因于市场风险的下降。这一结论符合资本资产定价理论。

2. 资本市场开放与股票收益波动性

Henry（2000）以股票市场开放作为外生事件，检验了包括亚洲和拉丁美洲国家在内的 12 个发展中国家股票市场开放程度对股价波动性的影响。实证结果表明，政策实施后个股收益波动率显著下降，平均而言，一个国家的股票价格指数经历了大约 3.3% 的异常回报。同样，Kim 和 Singal（2000a）采用 ARCH 模型和 GARCH 模型检验了国际金融组织（IFC）下的 20 个新兴经济体股票市场开放对股票收益的水平与波动性的影响，其结论表明股票市场自由化刚开始的前两年波动水平没

有显著差异，自由化后的第四年和第五年后股票收益波动显著减少。Umutlu 和 Levent（2010）做了更深入的研究，他们利用 1991—2005 年的全球市场数据，把股票价格总波动分解为全球市场波动、本地市场波动、企业特质波动三个维度，在控制了当地 GDP 等因素后，发现金融开放减少了本地市场波动与企业特质波动，进而减少了总波动，并且这一现象在中小规模企业中表现得更加显著。除了跨国数据，也有将研究范围限定于某一国度的文献。如 Gregory 和 Michail（2010）以印度尼西亚上市公司作为样本，运用时间序列分析法，发现股票市场开放前一年波动大幅增加，但正式启动后波动幅度显著减小。许从宝等（2016）以我国沪港通运行前后 18 个月作为时间窗口，以每日前 20 大沪港通资金活跃股作为研究样本，运用双重差分模型，研究发现政策实施初期效果并不显著，但随着沪港通资金的持续流入，沪港通机制能够降低 A 股价格波动性。

3. 资本市场开放与股价信息含量

股票市场信息效率的核心是股价能否迅速反映所有信息，并实现合理定价以及资源的有效配置（Fama，1970）。Song 等（2003）基于韩国资本市场的数据分析表明，韩国股市在对外开放之前效率低下，充满了投机与谣言，但实施开放以后，出现了较为理性的定价行为，行业联动性有所下降，而基于个体特征的股票价格差异则有所增加。Cajueiro（2009）以雅典证券交易所上市的公司为例，比较希腊金融市场开放前后的广义 Hurst 指数，研究发现随着金融市场开放程度的深入，Hurst 指数逐渐收敛，证明了市场信息效率的提高。Rejeb 和 Boughrara（2013）进一步对作用机理进行检验，运用具有时变参数的处理效应模型，对 13 个新兴经济体 1986—2008 年的数据进行估计。实证表明股票市场开放提升信息效率的路径源于流动性改善、投资质量提高以及自身市场开放程度加深。陈培如和田存志（2013）从交叉上市视角，运用联立方程模型，探究了资本市场开放对股价信息含量的影响，认为交叉上市公司面临更严格的市场监管机制与制度环境，因而有利于提高公司股价信息含量。我国沪港通政策实施后，吕大永等（2017）以政策实施前后一年沪、港双边交易数据为基础考察沪港通对价格发现速度的影响，其结论表明互联制度的开通提高了沪股通标的股票价格反映市场公共信息的速度，但降低了价格反映公司特有信息的速度。钟覃林和陆正飞（2018）以2012—2015年A股非金融类上市公司为研究样本，运用PSM-DID方法，研究了沪港通政策对股价信息含量的影响。研究表明，沪港通机制能够加速公司特有信息融入股价，显著降低股价的同步性，提高资本市场配置效率。影响机理分析表明，资本市场开放主要通过知情交易直接、优化治理机制间接促进公司特质信息纳入股票价格，从而提升了股价信息含量。文章基于省级层面的因素进行了分析，结论依然成立。

4. 资本市场开放与权益资本成本

Bekaert和Harvey（2000）以股利与市场利率的比值衡量权益资本成本，运用时间序列模型评估新兴市场自由化对资本成本的影响，在控制了其他可能会混淆外国投机者对当地股票市场产生影响的经济事件后，发现新兴市场开放使资本成本下降了5~75个百分点。具体来看，对外国投资者开放政策宣布后，权益资本成本显著下降了约31个百分点；ADR设立后，显著下降了约72个百分点；国家基金进入后，下降了约17个百分点。Bhamra（2009）对新兴市场开放与资本成本的关系进行了深入的研究。其运用卢卡斯经济学中的完全信息与一般均衡理论，把样本分为部分自由化与投资没有限制的完全自由化，研究表明部分自由化下的新兴市场资本成本低于完全自由化。为解释该现象，Bhamra（2009）将市场β系数分解为现金流量与贴现率，由部分到完全自由化过程中，提高了贴现率，最终导致风险溢价和资本成本的降低。此外，Gul（2010）、Vithessonthi 和 Tongurai（2012）、Huang（2014）也提供了引入外国投资者后资本成本下降的证据。

（二）消极影响

基于弱式有效市场理论，也有部分学者持有不同观点，认为资本市场开放并不能带来积极作用，有可能无显著效果甚至会带来一些负面影响。在这些文献中，既有以一国数据为研究对象的，也有对跨国数据进行分析的。

1. 单国模式分析

Maghyereh 和 Omet（2002）检验了约旦在 1997 年实施金融自由化后股票市场是否更有效率。其运用一连串的计量方法，包括普通最小二乘法（OLS）、自回归条件异方差模型（GARCH）、广义矩估计模型（GMM）和相对高效的单位根检验，所有这些测试的结果均表明，约旦实施金融自由化后市场信息效率并没有发生显著变化。Laopodis（2004）以希腊股票市场为例，考察资本市场开放是否影响股票市场功能。其采用结构变化测试和效率测试，发现资本自由化与市场效率并无显著关系。Kim 等（2013）以韩国股市为研究对象，分析了韩国股市在 1995—1999 年金融自由化后市场的反应。研究表明，这种渐进式的开放使未来股票市场充满了不确定性。

2. 跨国数据分析

Kawakatsu 和 Morey（1999）利用两套金融自由化日期、来自 9 个不同国家的数据和一系列计量经济学测试方法，包括方差比测试、置换检验、单位根检验等，发现自由化似乎并没有提高新兴市场的效率。其认为金融自由化计划通常在实际开放日期之前公布，如果投资者是理性的，那么简单地宣布金融自由化，并不足以改变市场的性质。因此，市场在实际金融自由化之前已经趋于渐进有效。Allen 和 Gale（2000）全面分析了发展中国家实施资本自由流动的现状，认为资本自由流动短期来看可能对发展中国家产生严重的不利后果，因为这些流动经常是不稳定的，会受到突然激增和撤资的影响，导致股市波动加剧抑或产生资产价格泡沫。Naghavi 和 Lau（2014）使用世界银行发布的全球治理指标（WGI）作为制度发展的代理变量，运用动态面板数据模型中的广义矩估计模型（GMM）、格兰杰因果关系检验等，研究了 27 个新兴市场国家的金融开放与股票市场信息效率的关系。研究结果表明：第一，金融自由化本身对提高股票市场效率没有影响；第二，对于同一个国家，金融自由化和制度发展的互动效应是导致股票市场效率提高的原因。因此，其结论表明了金融自由化过程中制度发展的重要作用。Vieito 等（2016）基于 7 个拉丁美洲国家的股票日数据，运用鞅假设检验（Martingale Hypothesis）和随机占优模型（Stochastic Dominance）研究股票市场开放对拉丁美洲股票市场效率的影响。其还用到了游程检验、Wright 方差比检验、SD 检验等多种方法。游程检验表明，金融自由化后这些市场的效率大致相同；Wright 方差比检验显示，研究的指标在引入金融自由化后并没有改善其随机性；鞅假设检验表明，金融自由化后只有巴西的效率有所提高，但在金融自由化前期与金融自由化后 10 年相比，这个结果是不成立的；SD 检验显示，风险厌恶者与风险偏好者在金融自由化前后反应并没有明显不同，所有测试都没有证据表明股票市场自由化显著提高了拉丁美洲国家的股市效率。

二、资本市场开放对实体经济影响的文献回顾

（一）积极影响

1. 资本市场开放与信息环境

现有文献对这方面的研究更多的是从交叉上市视角进行的。Lang

等（2003）以分析师跟踪数量和预测精确度衡量上市公司信息环境，运用时间序列考察了交叉上市与信息环境的关系，发现在美国交易所交叉上市后分析师跟踪数量和预测精确度有明显的提高，即交叉上市公司有更好的信息环境。Lang 等（2004）扩展了这一结论，认为这些影响在投资者保护力度不够的地区或家族为主导的企业更显著。Bae 等（2006）利用股票市场开放的三种方式：股票交叉上市、外国人可以投资本地部分股票、美国股权投资在本地股票市场的自由流动（ADR），探讨股票市场开放对公司信息环境的改善作用，并从以下四个角度分析公司信息环境：①分析师跟踪数量；②公司特有回报率波动性；③盈余管理程度；④分析师盈余预测分歧度。实证结果表明，随着股票市场开放程度的加深，公司特有信息、分析师跟踪数量、分析师提供的增值服务均有所提高，盈余管理程度下降。开放后的资本市场增加了分析师信息的“投入”与“产出”。类似的研究中，Fernandes 和 Ferreira（2008）以公司特定股票收益率作为信息环境的代理变量，运用跨国面板数据研究交叉上市与信息环境的关系，发现对于不同发展阶段的国家，二者关系并非相同。来自发达国家的上市公司，交叉上市会引起较大的公司特有收益率变动；来自发展中国家的上市公司，交叉上市会引起较小的公司特有收益率变动，原因在于美国交易所规则增加信息披露可能会排挤新兴市场国家公司的私人信息收集。此外，王亚星等（2012）基于交叉上市视角，以股票的买卖价差（bid-ask spread）作为信息不对称的代理变量，考察了交叉上市对信息环境的改善。研究表明，由于存在捆绑效应，中国内地企业赴境外发达地区交叉上市后，信息不对称风险降低，信息环境得到改善。周开国和周铭山（2014）以知情交易概率（PIN）衡量信息不对称程度，探讨交叉上市对公司信息透明度的影响。研究发现，公司交叉上市后信息不对称程度明显降低，并且 PIN 值低于同期未交叉上市公司。这为交叉上市改善信息不对称提供了一种全新的解释：交叉上市使公司披露更多的信息，并且知情交易者的参与度降低。

2. 资本市场开放与融资约束

推行资本市场开放的目的之一是引入更多的国际资本，缓解国内企业融资约束，学者们对此展开了较为丰富的探讨。Laeven（2003）利用13个发展中国家的面板数据来检验金融自由化与融资约束的关系，发现金融自由化对小公司和大公司的影响并不相同。小公司在金融自由化进程开始之前受到财政约束，但在金融自由化之后这种约束得到缓解。然而，大公司在金融自由化之前融资约束较低，但随着金融自由化的推进，其约束程度也越来越高。从这个角度来看，金融自由化对大公司的融资约束具有不利影响，因为这些公司在金融自由化之前就有机会获得优惠的银行定向贷款。Gupta 和 Yuan（2009）运用混合横截面数据从行业层面探讨了资本市场开放对行业发展的影响，实证显示，资本市场开放有效缓解了企业融资约束，但这种影响在更依赖外部资本的行业以及具有高成长性的行业更显著。陈学胜（2012）基于梅肯研究院（Milken Institute）发布的资本市场开放指数，从制度环境、股票市场发展、债券市场发展等七方面衡量一个国家资本市场的开放程度，检验资本市场开放对我国制造业上市公司融资约束的影响。研究表明，资本市场开放能够有效缓解企业融资约束，但不同企业受益程度不同，国有企业、大规模企业以及多地上市的企业受益程度明显高于民营企业、小规模企业以及仅在中国内地上市的企业。

3. 资本市场开放与投资

Henry（1999）认为股票市场开放会对投资产生很强的促进作用，即使控制了经济改革和其他基本价值观变化后，这种影响仍然存在。其研究结论主要包括三方面：第一，在金融自由化后的两年内，私人投资分别增加了10%和13%；第二，金融自由化引起的股票市场估值的上升预示着随后的投资增长率比一般估值增加的幅度更大；第三，除了股票价格上涨引发的投资激增，金融自由化还通过一个独立于自由化政策导致估值上升的渠道增加投资。在控制了股票回报后，投资仍然保持12%的增长率。Bekaert 等（2003）认为要系统研究各个国家资本市场开放的经济后果是非常复杂的，因为开放的方式多种多样，每个国家开放时间不同，采取的路线也不完全一样，科学的方法应当具体到每个时间点。其基于 30 个新兴市场国家的数据，运用动态面板数据模型中的广义矩估计模型（GMM），证明了股票市场开放能够带动当地投资约2.2%的增长。

4. 资本市场开放与公司治理

Stulz（1999）指出公司赴发达资本市场交叉上市或以其他方式进入全球市场，相当于寻找了一种约束机制（bonding devices）。董事会、活跃股东和潜在投资者都可以采取行动否决管理层的决定，甚至更换管理层。在有效监控的情况下，管理层不太可能以牺牲股东为代价追求自己的目标。全球化体系下，管理层将更加努力地工作，为投资者提供更多价值增长的决策，同时也有更少的机会去追求那些不符合投资者利益的目标。因而，向外国投资者开放而增加的监督会改善公司的治理结构，提升公司治理水平。其后的研究做了更深入的分析。Doidge 等（2004）认为交叉上市至少可以从两条路径改善企业治理结构。其一，交叉上市企业可以更容易地从外部筹集资金，增加了控股股东加强内部治理的动机；其二，借助发达资本市场完善的投资者保护体系，交叉上市为落后地区企业提供了可信的承诺机制，由此减少了控股股东投资于企业内部治理的成本。吕秀华等（2013）从控股股东与中小股东代理冲突视角探究交叉上市的治理效应。研究发现，交叉上市有利于缓解控股股东现金流权与控制权分离程度对企业业绩、企业价值的负向作用，在运用两阶段处理模型（Treatment-Effect Model）控制了交叉上市的自选择这一内生性问题以后，结论依然成立。进一步研究发现，交叉上市有助于约束控股股东的资金占用行为，表明了交叉上市对“隧道效应”（Tunneling）的治理作用。董秀良等（2016）以分析师预测精确度作为衡量公司信息披露质量的代理变量，从横向分析与纵向对比两个角度，考察跨境交叉上市对公司治理水平的影响。横向对比来看，交叉上市公司比非交叉上市公司信息披露的质量更高，但这一结论主要由自选择问题造成，其“出身”本来就好；纵向对比来看，“先外后内”的上市路径表明，“海归股”信息披露质量并没有明显改善，回归A股是出于融资目的；“先内后外”的上市路径表明，交叉上市公司提升了信息披露质量，改善了公司治理水平。黄文青（2017）以主营业务利润率作为衡量公司治理效率的代理变量，从境外股东异质性视角，探讨外资持股的治理效应。研究发现，境外机构投资者持股比例与公司治理效率正相关，但不同性质的境外机构投资者持股治理效应存在差异，外资基金持股治理效应最明显，其次是QFII持股，而外资保险公司、证券公司、银行持股并未对上市公司管理层形成有效的制约与监督，一定程度上反而还会加剧公司代理冲突。另外，外资持股的治理效应在民营企业表现比在国有企业更显著。吴思和陈震（2018）基于绑定理论，从成本黏性角度考察交叉上市的治理效应。实证结果显示，A+H股上市公司成本黏性要比仅在A股上市公司低，在采用滞后一期克服了自选择内生性问题后，结论依然成立。这说明交叉上市公司处于更好的市场环境、法律环境、信息环境中，面临严格的监督体系，极大约束了管理层谋取私利的动机，缓解了代理冲突，从而降低了成本黏性。

5. 资本市场开放与企业价值

Lang等（2003）在考察交叉上市对企业信息环境的影响时，进一步分析后发现，企业在发达国家交叉上市后，分析师关注度更高，能够被更多的投资者所熟知，因而会减少因“鲜为人知”而造成的“影子成本”，降低投资者预期报酬，最终提升企业价值。其在回归模型中，加入分析师跟踪人数与是否交叉上市的交互项，检验了交叉上市企业可以通过信息环境的改善提升企业价值，这一发现符合 Merton（1987）提出的投资者认知假说。Doidge 等（2004）利用来自 40 个国家的 11757 家公司的数据，考察了交叉上市公司为什么更值钱。研究发现，在美国交叉上市的外国公司的托宾 Q 值比同一国家未交叉上市的公司的托宾 Q 值高出 16.5%，这一差异在统计上是显著的，并且最大值达到了 37%。即使在控制了一些公司和国家的特征后，差异仍然显著。这种估值上的差异，称为“交叉上市溢价”。其提出了一种理论来解释这种估值差异。其一，在美国交叉上市的公司控股股东无法利用其控制权提取出与未在美国上市的公司相比更多的私人利益，因此，交叉上市公司控股股东利益与其他中小股东利益趋于一致；其二，交叉上市公司能够充分利用成长机会，而这些机会是非交叉上市公司所没有的。何丹（2010）基于约束假说理论，考察了交叉上市与企业价值的关系。研究表明，中国内地企业赴中国香港上市，绑定了发达资本市场严格的证券法规、法律制度、信息披露标准，降低了投资者的信息获取成本，加强了投资者保护，因而增加了企业价值。Vithessonthi 和 Tongurai（2012）运用事件研究法，以在泰国证券交易所上市的 242 家非金融公司为对象，探讨了资本市场开放的经济后果。研究发现，政府放松资本管制后，短期内降低了资本成本，提升了企业价值；长期可促进地区经济增长。沈红波等（2008）通过比较在中国香港上市的 AH 股、在 B 股市场上市的 AB 股以及与之配对的 A 股上市公司估值差异，考察交叉上市对企业溢价的影响。实证发现，赴中国香港上市的 AH 股和在 B 股市场上市的 AB 股均获得了市场溢价，而由于 AH 股面临的监管环境比 AB 股更严格，导致 AH 股溢价更高。运用 Heckman 两阶段模型克服自选择偏差以后，结论依然显著。研究结果支持捆绑假说。章奇（2017）基于内部控制有效性视角，以在中国香港或美国跨境上市的公司为研究样本，运用相关分析、回归分析等统计方法，检验交叉上市的治理效应。研究发现，与配对非交叉上市公司相比，跨境交叉上市公司内部控制质量明显要高，这主要是因为更严格的市场环境影响了信息披露质量。

6. 资本市场开放与经济增长

Bekaert 等（2005）指出，股票市场开放能够促进经济增长，其路径在于开放的市场有利于降低企业资金成本，增加企业投资，进而带来每年大约 1%的经济增长。这一结果通过各种稳健性检验均显著，包括改变金融自由化的时间，运用不同的国家集团、区域指标变量，采取不同加权矩阵计算标准差和通过四种不同的方法测度经济增长。并且研究表明其他同时进行的改革只是部分地解释了股票市场自由化的效果，此外，拥有完备的法律体系、良好的制度环境、完善的外国投资条件和健全的投资者保护制度的国家会有更大的增长效应。Mitton（2006）认为早期研究资本市场开放的文献具有很大的内生性问题。首先，股票市场自由化往往与其他经济改革同时进行，很难区分这些事件分别对实体经济的影响。其次，反向因果关系严重，因为不清楚是自由化引起了经济增长还是自由化与经济强劲增长处于同一时期。为解决这些内生性问题，其基于 28 个新兴市场国家的 1141 个公司样本数据，比较同一国家内可以被外国投资者购买的股票与不可以购买的股票自由化后的差异，并控制了公司层面成长机会，运用固定效应模型、国家内部截面测试等一系列方法，很好地克服了该领域研究的内生性问题。研究结果表明，公司股票向外国投资者开放后经历了更高的投资、更低的杠杆率、更强的盈利能力以及更快的增长。Bussière 和 Fratzscher（2008）以 45 个工业化国家和新兴市场经济体为对象，研究金融开放与经济增长的关系。从短期角度看，金融自由化后第一个 5 年会促使 GDP 平均增长 1.5%，而该经济增长的加速，往往是由投资热潮和投资组合以及债务流入增加引起的；从长期角度看，国内机构的质量、外国直接投资（FDI）流入的规模和自由化进程的顺序被认为是中长期增长的重要驱动力。陈镜宇（2017）基于新古典增长理论，运用广义最小二乘法（FGLS）、广义矩估计模型（GMM）、随机效应模型等多种计量方法，以 180 多个国家的面板数据，检验资本账户开放对经济增长的影响。研究发现，资本账户开放度增幅而非资本账户开放度水平影响了经济长期增长，这一结论在新兴市场国家样本中更显著。利用有限信息最大似然法（LIML）缓解内生性及弱工具变量问题，结论依然稳健。

（二）消极影响

Arestis 和 Demetriades（1999）提出金融自由化可以通过增加储蓄、投资和资本生产率来促进一个国家经济发展，也可能会带来严重的经济后果，包括严重的金融危机事件，关键取决于完全信息和完全竞争两个假设。在发达的资本市场，它隐含的假设是这个国家的经济制度框架强大到足以解决被扭曲的后果；而在体制薄弱的发展中国家，可能会造成更大的问题。因此，其建议发展中国家审慎考虑是否推行资本市场开放。Kim 和 Singal（2000b）认为不可控的资本流动具有风险性和破坏性，其利用随机游走模型检验了 14 个新兴市场国家资本账户开放后的经济后果，发现由于国际资金自由流动导致本国经济对资金流动敏感性增加而加速宏观经济的波动性，资本账户开放后，如果国际市场价格剧烈波动，国内市场也将难以幸免。

斯蒂格利茨（2000）从纯理论上分析了资本市场自由化总是伴随着更大的经济波动，或者至少是更高的经济衰退的可能性。在许多情况下，关键问题不是资本流入国家，而是流出，开放资本账户有利于资本外逃，因而可能导致经济疲软。资本市场自由化使国家的兴衰与国家外部经济环境的变化紧密相关，借款人对新兴市场风险的感知可能导致巨额资金外流，破坏整个金融体系的活力，这些不确定性均会使投资吸引力减少。同时，公司也不可能以短期资金为基础去进行长期投资。其指出股票市场开放并没有带来经济增长，并举例说明中国能够追求积极的反周期宏观政策，避免经济衰退且保持 GDP 约为 8%的增长率，皆因为进行了资本账户限制。

Singh（2003）从理论与实证角度深入分析了资本账户自由化政策的利与弊，认为资本账户自由化容易造成金融不稳定与金融系统的脆弱。金融自由化与经济、金融危机经常紧密联系，特别是在发展中国家，资本自由流动容易受到信息不对称、代理问题、逆向选择和道德风险等因素的影响。在没有政府或国际机构适当协调的情况下，经济可能在低水平均衡中变得萧条，产生次优输出和就业水平。因此，其认为自由化政策如果不受管制，可能弊大于利，建议发展中国家在资本开放的同时加强管制。

Gozzi（2008）使用 74 个国家的 9094 个样本，从 ADR 市场、交叉上市等方面检验企业价值（托宾 Q 值）在国际化之前、之后的变化。研究发现，与非交叉上市公司相比，交叉上市公司托宾 Q 值确实更高，但二者的差异在交叉上市前就已经存在；进一步发现，交叉上市后，与非交叉上市公司相比，托宾 Q 值反而下降了，而且又回到了交叉上市前水平。这些证据支持市场分割理论，而非约束假说。此外，Figueira 等（2009）运用数据包络分析（DEA）、回归模型证明了外资持股并不能提升经营业绩。国内方面，覃家琦和邵新建（2016）以 2006—2014 年的平衡面板数据，分别从静态效率与动态效率角度，检验公司交叉上市后对投资效率的影响，研究发现，A+H 上市公司由于受到政府干预的影响，导致要素投入失当，出现投资扭曲，最终降低了静态与动态投资效率。进一步分析表明，政府干预还会导致经营扭曲，造成市场价值下降。因此，其结论支持了政府干预假说，而非绑定假说。

第三节 文献述评

综上所述，资本市场开放的经济后果是一个极其复杂而又非常重要的话题。一方面，开放的市场会使一国金融系统面临重大不确定的外部冲击，加大金融危机爆发的概率，全球资本自由流动以及监管难度的增大，也会带来波动溢出效应与传染效应；另一方面，如果不实施资本市场开放，市场效率极低，金融抑制造成的内部自循环难以打破，整个市场生态环境就无法净化。因此，资本市场开放已成一国资本市场改革与发展的必由之路，现有文献展开了一系列研究。

在研究视角方面，国内外关于资本市场开放经济后果的文献主要围绕市场效率、实体经济两大方面展开。具体来看，市场效率方面包括了系统风险、股价波动性、股价信息含量、股价崩盘风险、权益资本成本等视角；实体经济方面主要包括信息环境、融资约束、投资效率、公司治理、企业价值、经济增长等诸多角度。

在研究内容方面，很长一段时间内，学者们主要探讨资本市场开放与系统风险、股市效率、融资约束、治理水平、经济增长的直接关系，试图揭示其内在因果逻辑。然而，在经历了全球性或区域性金融危机后，各个国家爆发金融危机的概率或者受到危机影响程度的差异，使学者们认识到仅仅考察这种直接的因果关系是远远不够的。于是，越来越多的研究开始转向一国经济与资本市场开放的匹配性，在经济金融全球化趋势不可逆转，资本市场开放无法避免的态势下，学者们开始关注新兴国家应具备什么条件才能使资本市场自由化的积极影响最大化，并减少甚至消除其负面影响，进而尝试构建最优金融开放理论。

在研究方法方面，针对官方宣布外国投资者可以购买本国股票的政策事件，主要研究方法有事件研究法、双重差分法，其他常见的计量方法如 ARCH 模型、GARCH 模型、广义矩估计模型（GMM）、脉冲响应分析、格兰杰因果检验等也在实证中被广泛运用；针对交叉上市视角，学者们的研究手段突出表现在如何克服自选择这一内生性问题，所用到的方法主要有 Heckman 两阶段模型、处理效应模型、最大似然法等。

在研究样本方面，有基于多个新兴市场国家的跨国横截面数据，也有仅限于某一国家的时间序列分析。跨国截面数据能够克服一个国家不同地区的市场开放政策所具有的“溢出效应”，但由于不同国家宗教文化、法律环境、经济体制不同，此类研究容易遗漏重要变量（Gul，2010）；单个国家的研究能够有效避免变量的遗漏，但资本市场开放往往伴随着监管环境、宏观经济的变化，很难区分并行的经济政策各自对资本市场的影响（Mitton，2006）。这些都是资本市场开放经济后果研究命题面临的挑战。

在研究结论方面，新古典经济学理论认为，资金缺乏的发展中国家如果实施资本市场开放，资金就会从资本富裕的发达国家流入，从而促使发展中国家扩大投资、降低资本成本，最终导致经济增长。然而，每个国家、每个地区的市场环境、制度环境有所差异以及研究样本所处时间不同，新古典经济理论的基本假设满足情况也不一样，导致了研究结论众说纷纭，积极效果与负面效应并存，已成为国际金融领域最具争议的话题之一。

在中外文献对比方面，国内与国外的研究文献也存在一定的差异。国外方面，资本市场开放研究从 ADR 市场、赴境外交叉上市以及外国人可以投资本地股票等多种角度展开，而国内方面的文献大多从交叉上市角度来探讨其经济后果，因为在沪港通开通之前很难为资本市场开放找到一个具有统一时间的政策事件。交叉上市企业因其“出身”较好，产生的经济后果具有先天的内生性，因而相关结论备受质疑。事实上，沪港通政策开通之初，便已有国内学者开始探讨，但由于早期数据不够充分，得出的结论缺乏说服力。迄今为止，沪港通政策试点已有多年，这为现阶段研究沪港通政策的经济后果提供了很好的契机。

第二章

资本市场开放经济后果的理论分析

建立整体框架体系进行理论分析有助于透过现象揭示事物的本质，深入展开某项问题的研究。本章结合经济学、金融学、财务学等多学科知识，从信息不对称理论与委托代理理论入手，梳理和总结资本市场开放经济后果的基本理论，并构建全文的逻辑框架体系。

第一节　理论基础

一、信息不对称理论

传统经济学的一个基本假设是，市场交易双方拥有完全相同的信息。事实上，各个市场主体不可能拥有完全相同的信息。20 世纪 70 年代，美国三大经济学家约瑟夫·斯蒂格利茨、乔治·阿克罗夫、迈克尔·斯彭斯首次将信息不对称理论用于市场分析，从而为市场经济提供了新的视角。信息不对称（Asymmetric Information），是指在市场经济活动中，人们拥有的信息不同，掌握信息比较充分的一方，占据有利地位，而信息匮乏一方，则处于不利的市场地位。信息不对称必然导致信息拥有方为牟取更大利益，损害另一方利益，从而引发道德风险与逆向选择。

信息不对称理论的意义在于其不仅指出了信息对市场经济的重大影响，而且深刻揭示了市场交易双方因获取信息渠道不同、掌握信息的多寡，需要承担不同的风险与收益，交易中必然会有一方因为所掌握的信息不充分，付出高额的交易成本抑或出现“劣币驱逐良币”等现象。信息不对称现象的存在，使人们在决策时会面临诸多不确定性，减少这种不确定性必然要花费额外的成本。因此，在市场经济活动中，人与人之间需要深度沟通与对话，及时传递信息，各市场经济主体才能取得双赢，才能有效发挥市场机制，避免出现市场失灵。

作为我国资本市场开放的创新形式，沪港通政策的启动，极大地满足了海外投资者参与中国经济增长的意愿。这些国际机构投资者在配置之前可能首先要了解和熟悉投资标的，因而海外投资者的介入促进了券商、分析师等中介机构参与到相关上市公司的信息生产中。同时，沪港通政策的实施，提高了标的公司的全球关注度，众多媒体、承销商、审计机构等中介机构关注上市公司，极大地提升了公司信息透明度，降低了公司信息不对称程度，较好地改善了公司信息环境。

二、委托代理理论

20 世纪 30 年代，基于企业所有制与经营者集于一身的做法存在诸多弊端，美国经济学家伯利和米恩斯提出了委托代理理论（Principal-agent Theory，简称代理理论），提倡公司所有权与经营权分离，股东保留所有权，而经营权让渡给公司管理层。委托代理理论建立在信息不对称理论基础之上。詹森和梅克林（1976）高度概括了委托代理关系的本质：一个人或一些人（委托人）委托其他人（代理人）从事某些活动，并相应地授予代理人某些决策权的契约关系。在这种契约关系中，委托人是信息劣势者，代理人是信息优势者。

委托代理理论的提出，成了公司治理研究的逻辑起点。其核心意义在于，研究在信息不对称与利益冲突环境下，委托人如何设计最优契约激励代理人。随着学者们研究的深入，委托代理理论被赋予了更具体、更深刻的内涵。20 世纪 90 年代之前，公司治理主要关注股东与管理层之间的代理问题，俗称“第一类代理问题”；20 世纪 90 年代之后，人们发现公司股权集中导致经理人依附于大股东，这样又出现了大股东与中小股东之间的代理问题，又称“第二类代理问题”。委托代理理论是过去数十年契约理论最重要的发展，对我国建立现代企业制度产生了深远影响。

三、市场分割理论

市场分割理论最早由卡伯特森（Culbertson，1957）提出。该理论认为，由于存在制度环境、法律、投资者偏好等一些因素的限制，贷款人和借款人会把他们的交易局限于一个特定的市场，与其他的市场相互分割、完全独立。投资者和证券发行者都不能无成本地实现资金在不同市场之间自由转移。根据市场分割理论，由于政策限制以及投资者理念差异，分割的市场会产生诸如信息、资本跨境流通障碍等负面影响，增加企业风险溢价以及资本成本。市场分割越严重，资本成本效应越明显。

沪港通的推出一定程度上改变了市场分割现状（Chan 和 Kwok，2017），一方面，有助于国际资本在沪港两地市场自由、便捷地流动，有利于海外投资者进行跨境组合投资，分散投资风险，同时有助于提高两地市场活跃度，优化资源配置，提高市场效率；另一方面，将中国内地股票市场与相对发达的中国香港股票市场对接，有利于中国内地市场引入较为成熟的国际机构投资者，改善中国内地市场投资理念、投资行为与投资结构，同时倒逼中国内地股票市场在金融基础设施建设、投资者保护、市场监管等诸多方面与国际市场接轨。另外，沪港通打破了市场分割现状，有利于拓宽标的公司的融资渠道，扩大公司融资规模，降低融资成本，纾解融资约束。

四、有效市场假说

20 世纪 70 年代初，美国著名金融学教授尤金·法玛（Eugene Fama）在其博士论文《股票市场价格行为》中，提出了著名的有效市场假说（Efficient Markets Hypothesis，EMH）。该假说的核心观点是，在法制完善、功能健全、信息透明度高、竞争充分的股票市场中，一切有价值的信息都已及时、准确、充分地反映在股价走势中。换言之，在一个有效的市场中，股票的价格已反映出已经发生和尚未发生，但市场预期会发生的事情。法玛认为，有效市场假说包括了弱式、半强式、强式有效市场假说三种形式。发展中国家大多适用弱式有效市场假说。

该理论的提出奠定了现代资本市场理论的基础。提高股票市场的有效性，根本在于解决股票价格形成过程中在信息披露、信息传递、信息解读以及信息反馈各个环节所出现的问题，其中最关键的一个途径是建立上市公司强制性信息披露制度。从这个意义上来说，公开信息披露制度是建立有效资本市场的基础，也是资本市场有效性得以不断提高的起点。

沪港通机制开闸后，那些试点的上市公司，可以起到示范作用，进而完善信息披露制度。无论是出于监管层明确的披露要求还是市场隐含的信息披露压力，这些标的公司都可能会向外界披露更多的信息。因此，有效市场假说理论有助于后文分析沪港通机制对公司信息环境的影响。

第二节　资本市场开放的经济后果

广义而言，经济后果是指政府、公司或个人做出某项经济决策所产生的结果（徐虹，2014）。学术界对于经济后果的研究起源于会计准则的“经济后果说”。Zeff（1978）较为本质地概述了其定义，认为经济后果就是会计政策的变化对政府、公司、投资者以及债权人的决策行为产生的影响。蔡宁（2001）则认为，会计准则的变化会影响利益相关者财富的分配，这就是会计准则的经济后果。本研究借鉴现有成果，将经济后果定义为沪港通政策对实体经济与虚拟经济（股票市场）的影响。

一、资本市场开放对股票市场的影响

（一）资本市场开放与市场流动性

改变市场低迷状况、提高股票流动性，是资本市场开放的重要功能。无论是交叉上市还是允许外国投资者购买本国股票，均具有流动性效应，原因在于，随着海外资本的进入，会有更多的机构投资者参与市场价格竞争，这有利于提振股市信心，提升股票的成交量。一些学者用买卖价差和成交量来衡量流动性，并进行了相应的实证检验。Nicola（2001）对27个发展中国家20年的时间序列数据进行研究，结果表明，资本市场开放后，价差减小，交易量增加。Sun等（2009）以中国B股市场为研究对象，也证明了资本市场开放的流动性效应。

（二）资本市场开放与收益波动性

发展中国家资本市场开放后，由于风险在全球范围内分散，市场波动性可能会降低。财务学中的资本市场定价模型可以很好地解释二者的关系。20世纪60年代，美国学者威廉·夏普（William Sharpe）、约翰·林特纳（John Lintner）等在资产组合理论的基础上提出了著名的资本资产定价模型（Capital Asset Pricing Model，CAPM）。CAPM提供了证券市场资产的风险与收益之间关系最实质性的表述，首次将高收益伴随着高风险的基本原则用最简单、最直观的关系式表达出来，成为现

代金融市场研究的支柱。其具体表达式为

$$R_i = R_f + \beta(R_m - R_f) \tag{2-1}$$

其中，R_i 是第 i 种股票或第 i 种证券组合的必要收益率；R_f 是无风险收益率；R_m 是该市场所有股票的平均收益率；β 是某种股票或某种证券组合的 β 系数，衡量了整个市场系统风险。β 值越大，系统风险越高，要求的报酬率就越高。

当一个国家实施资本市场开放后，在国际资本自由流动的前提下，CAPM 转化为国际资本资产定价模型（ICAPM），其表达式为

$$R_m = R_w + \beta(R_m - R_w) \tag{2-2}$$

其中，m 是发展中国家国内市场；w 是全球市场。由于与全球资本市场关联度增加，新兴市场波动的根源发生变化，资产价格取决于全球投资者的竞争定价，取决于其对国际市场资产组合的风险与收益贡献，从而形成了资本市场的“一价定律”①。

（三）资本市场开放与市场信息效率

20 世纪 70 年代，尤金·法玛提出了著名的有效市场假说，成为现代金融理论框架体系的理论基础。有效资本市场假说分为三种形式：弱式有效市场假说、半强式有效市场假说和强式有效市场假说。发展中国家市场大多属于弱式有效市场，发达国家市场大多属于半强式有效市场。因此，新兴经济体实施资本市场开放的目标之一就是提高市场的信息效率。影响市场有效性的因素主要有四种：①市场参与者数量；②信息是否容易获取；③交易制度是否完善；④信息成本与交易成本。理论上讲，资本市场开放后，市场参与者数量增加，信息披露制度、投资者保护制度、证券交易制度等各项金融基础制度更加完善，因而有利于提

① 该定律由货币学派代表人物弗里德曼于 1953 年提出，其含义可表述为：当贸易开放且交易费用为零时，同样的商品无论在任何市场销售，用同一货币表述的价格都相同。“一价定律”也适用于金融产品定价。

高市场信息效率。

学者们从多个角度检验了资本市场开放对市场信息效率的影响。Kim 和 Singal（2000）基于随机游走假设，从股票收益的随机性视角，以方差比率（Variance Ratio）作为股价信息含量的度量指标进行检验，研究发现 14 个新兴市场国家股票市场开放后股价更服从随机游走，因而金融市场开放提高了股价的信息效率。Navaz 和 Lau（2014）以 27 个新兴市场国家为研究对象，运用广义矩估计模型（GMM）考察金融市场开放与股票市场信息效率的关系。结果表明，金融自由化与制度发展的互动效应是市场信息效率提高的根本原因。

（四）资本市场开放与资本成本

降低资本成本是资本市场开放的又一基本功能。其影响路径可以从三个方面进行解析：第一，基于无风险利率视角。新兴经济体市场开放前，大多处于金融抑制状态，资本账户相对封闭，货币供给不足；而资本市场开放后，更多的国际机构投资者参与相关证券资产配置，大量境外资本流入本国，导致本国可贷的存量资金上升，货币供求均衡下的无风险利率下降，从而降低了资本成本。第二，基于风险分散视角。资本市场开放后，风险在全球市场资产组合中分散，提高了上市公司风险分担能力，降低了系统风险。Chari 和 Henry（2004）利用来自 11 个新兴市场国家的证据研究表明，那些成为外国投资者购买标的的股票，估值发生了约 15.1%的变动，系统风险降低的平均效应约为 6.8%。风险分散降低了投资者要求的风险溢价，也降低了资本成本。第三，基于流动性视角。对于投资新兴市场的境外投资者，面临的风险既有收益的波动性风险，也有流动性不足的风险，即不能随时兑现收益的风险。为了降低流动性不足风险，发展中国家有必要调整市场微观结构，引入市场增量资金。随着资本市场对外开放，海外资本进入，提升了相关股票的成交量，改善了市场流动性。同样，股票流动性能够降低投资者预期报酬以及流动性风险溢价，进而降低了资本成本。基于以上三条路径的分析表明，发展中国家资本市场开放能够显著降低资本成本。

二、资本市场开放对实体经济的影响

（一）资本市场开放与投资

资本市场开放对发展中国家投资水平的影响是建立在前文资本成本降低的分析基础之上的。本书从以下三方面阐述具体的传导机制。

第一，资本市场开放降低资本成本，这就直接影响了企业的投资活动。企业投资成本减少，必然刺激投资水平增加。

第二，从股票价格与资本成本之间存在的贴现关系分析出发。固定增长的股利贴现模型（Dividend Discount Model）为

$$V=\frac{D_0(1+g)}{k-g}=\frac{D_1}{k-g} \tag{2-3}$$

其中，V 为股票内在价值，D_0 为第一年股利，D_1 为第二年股利，k 为资本成本，g 为固定股利增长率。

开放的市场会降低资本成本 k，股票内在价值 V 增加，刺激更多资金流入股市，从而促进了储蓄与投资之间的转化。

第三，根据托宾 Q 理论进行分析。诺贝尔经济学奖获得者詹姆斯·托宾于 1969 年提出了著名的托宾 Q 效应。Q = 资本的市场价值/其重置成本。该理论诠释了资本市场与实体经济的关系，对企业投资决策具有重要的指导意义。

假定在资本市场开放前，资本市场处于均衡状态，于是有

$$V_k=\frac{\overline{\pi}}{r+\theta}=P_t \tag{2-4}$$

其中，V_k 表示预期单位资本总利润的现值，P_t 为单位物质资本的价格，

$\overline{\pi}$ 为预期单位资本总利润，r 为该国无风险利率，θ 为股票风险溢价水平。在上述均衡状态下，企业不愿意进行投资。实施资本市场开放后，该国无风险利率 r 下降。此时，预期单位资本总利润现值大于单位物质资本的价格，资本市场不再处于均衡状态，必然导致企业追加投资。原因在于，按照托宾 Q 理论，Q 值大于 1，即企业股票市值高于企业重置成本时，投资支出会增加。

基于以上三方面的传导机制的分析表明，资本市场开放促进了本国投资水平的提高。

（二）资本市场开放与经济增长

发展中国家通过资本市场开放，吸引国际资本流入，一定程度上实现了经济增长。根据新古典经济学理论，经济增长的源泉包括劳动力、资本和技术进步。经济总产出计算公式为

$$Y=A\times F(N,\ K) \tag{2-5}$$

其中，Y 是总产出，A 是技术水平，N 是投入的劳动量，K 是投入的资本量。该模型可以进一步推导，得出

$$\frac{\Delta Y}{Y}=\alpha\frac{\Delta N}{N}+\beta\frac{\Delta K}{K}+\frac{\Delta A}{A} \tag{2-6}$$

即

产出增长 = 劳动份额×劳动增长+资本份额×资本增长+技术进步

因此，政府可以通过增加资本、增加劳动力以及技术进步来促进本国经济增长。资本市场开放实现了国际资本流入，国内资本存量上升，一定程度上能够促进经济增长。但是，这一逻辑的成立必须满足以下几个前提条件。

第一，资本必须是净流入而不是流出。在资本市场双向开放情况

下，发展中国家的资本也可能大幅流至国外，从而引起经济萧条。因此，必须提高投资收益，实现资本净流入。

第二，资本要能够留下来，而不是投机资本，获利以后即撤离，否则无法满足新古典经济学理论中的新增资本形成条件。

第三，不会出现过度借贷与道德风险。新兴市场企业与机构对资金处于饥渴状态，一旦市场开放，可能会疯狂借贷，在制度环境不完善、市场化程度不高的发展中国家，可能会出现债务违约，从而滋生道德风险。

第四，不能使其他促增长的手段受到影响。根据美国经济学家保罗·克鲁格曼提出的“三元悖论”（Mundellian Trilemma），资本自由流动的情况下，独立的货币政策与固定汇率制度已不可能同时实现，发展中国家有必要作出权衡取舍。

（三）资本市场开放的治理效应

资本市场开放具有一定的治理效应，具体表现在以下几个方面。

1. 资本市场开放提升公司治理水平

首先，发展中国家推行资本市场开放后，引入了更多来自发达地区的国际投资者，这些成熟的机构投资者重视公司治理，要求公司提供高质量的财务报表，因而会对公司构成国际性监督。一些境外机构投资者甚至以战略股东身份加入，对上市公司的日常经营、战略决策施加重大影响，进一步促进了公司治理机制的完善。在这种有效监控下，公司管理层不太可能为了追求自身目标而牺牲股东利益，因而有利于减少代理冲突。

其次，开放的市场有利于境内监管机构与境外监管机构合作，了解国际做法并学习其先进的监管模式，从而在政策制定、技术培训、监管水平等多方面获得提升。资本市场监管机制的完善有利于约束经理人的不良行为，优化上市公司治理结构，提升治理水平。

2. 资本市场开放改善公司信息环境

首先，发展中国家资本市场开放以后，在境外投资者国际性监督以及境内政府部门的监管下，上市公司必须遵循更高要求的信息披露标准以及更严格的审核制度。迫于外界压力，公司管理层盈余管理动机下降，盈余质量提升。同时，海外投资者注重投资者保护制度，管理层如果有意隐瞒负面消息、发布虚假信息，可能会带来诉讼纠纷，严重损害公司形象。基于此，经理人必须发布更高质量的盈余信息，以盈余质量衡量的公司内部信息环境得以改善。

其次，海外投资者资产配置之前可能会实地调研以及研读分析师盈余预测报告，因此开放的市场给证券分析师行业带来了发展机遇。为满足市场需求，会有更多分析师跟踪相关上市公司，他们运用自身的专业技能挖掘上市公司异质信息。Bhushan（1989）指出，分析师服务的需求与供给曲线交点决定了分析师跟踪数量。一方面，海外投资者资产配置需要分析师提供更多的服务，分析师服务需求增加，需求曲线 D 向右移动；另一方面，资本市场开放后，在强制性公开信息披露要求下，分析师获取信息的成本更低，减少了盈余预测成本，势必会提供更多的服务，分析师服务供给增加，供给曲线 S 向右移动。因此，需求与供给曲线同时向右移动，均衡数量由 Q_1 增加到了 Q_2，分析师跟踪数量增加（见图 2-1）。同时，分析师也会发布更多、更准确的盈余预测报告以提升服务质量。此外，标的公司可能还会获得更多媒体关注。市场信息中介机构的跟踪与关注促进了上市公司外部信息环境的完善。

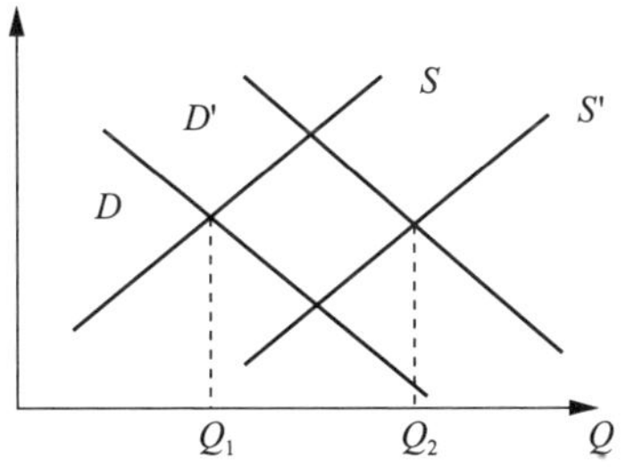

图 2-1　分析师服务的供需均衡曲线

3. 资本市场开放缓解公司融资约束

Hahn 和 Lee（2010）认为，融资约束产生的根源在于契约问题导致的代理冲突和信息不对称，使公司内外部融资成本产生差异，限制了投资的机会。因此，资本市场开放对融资约束的影响机理分析从这两方面展开。事实上，前文对这两方面均已作出详细分析。发展中国家通过资本市场开放，一方面，引入了更多境外机构投资者，在国际监督以及市场自身基础设施不断完善的情况下，资本市场对公司管理层的约束机制进一步加强，有利于提升公司治理水平，缓解代理冲突；另一方面，开放的市场会吸引更多券商、分析师、媒体、承销商跟踪关注，有利于改善上市公司信息环境，减少信息不对称。基于以上分析，资本市场开放有助于缓解公司融资约束。

（四）资本市场开放的价值体现

传统资本资产定价模型假定市场中所有投资者拥有相同的信息。Merton（1987）突破了这一假设，提出了非完全信息条件下的资本资产均衡模型，形成了著名的投资者认知假说（Investor Recognition Hypothesis）。该假说认为，由于信息不对称，投资者对不同公司所了解的信息不同，一般情况下只会投资自己熟悉的公司股票，在其他条件不变的情况下，一家公司如果能够被更多投资者认知，则会有效分散公司特定风险，降低投资者预期报酬率，提升公司市场价值。投资者认知假说的精髓在于，公司的投资者基数越大，则认知程度越高，权益资本成本就越低，公司价值就会越高。Foerster 和 Karolyi（1999）扩展了投资者认知假说，认为交叉上市能够扩大股东基础，为公司创造价值。现有文献主要是从两方面衡量投资者认知程度：一是投资者基数，二是分析师关注度或媒体报道频率。发展中国家资本市场对外开放，一方面，更多的国际投资者购买相关标的公司股票，投资者基数扩大；另一方面，那些试点公司必然会吸引更多的分析师跟踪与调研以及更多的媒体报道，提高了公司知名度。因而，资本市场开放有利于提升企业价值。

第三节　沪港通机制的政策效应：一个分析框架

建立在中国内地与中国香港两地市场的互联互通机制是我国资本市场开放的特有形式，分析其经济后果，要从其影响机理或政策效应出发。本部分将重点回答本书为什么选择融资约束和股价崩盘风险作为沪港通政策的经济后果。

一、沪港通政策效应的理论分析

作为一项重大制度创新，沪港通政策的推出必将对我国资本市场产生深远影响。从理论上讲，沪港通政策的启动，一方面有助于国际资本在沪港两地市场自由流动，便于海外投资者进行跨境组合投资，分散投资风险，同时有助于提高两地市场活跃度，优化资源配置，提升市场效率；另一方面，将中国内地股票市场与相对发达的中国香港股票市场对接，有利于中国内地市场引入较为成熟的国际机构投资者，与国际市场接轨。更具体来说，沪港通的政策效应主要体现在以下两方面。

（一）治理效应

上海与中国香港两地市场的互联互通，为境外机构投资者投资 A 股，分享中国经济增长成果创造了天然的条件。互联互通机制的启动，降低了境外投资者的交易成本，允许更多不满足 QFII、RQFII 资格的投资者购买中国内地股票，改善了我国股票市场的投资者结构。现有研究均已证明境外机构投资者能够很好地发挥监督作用，改善公司治理机制，减少代理冲突，尤其是当这些机构投资者来自美国或其他投资者保护水平较高的地区时，这种治理效应更显著（Ferreira 和 Matos，2008；Ben 等，2016）。因此，本书认为沪港通机制具有治理效应。

（二）信息效应

上海与中国香港两地市场的互联互通，是我国资本市场深化改革的标志性举措，备受世界瞩目。在引入众多国际机构投资者的同时，必然会刺激跨境服务需求增加，这对市场信息中介机构来说，是促进行业发展难得的机遇。因而，会有更多券商、分析师跟踪标的公司，发布盈余预测报告；也会有更多媒体及其他市场主体报道、关注相关公司。Bae 等（2006）研究发现，股票市场开放能够吸引更多分析师关注上市公司，提高公司信息透明度，改善公司信息环境。梁上坤（2017）则认为，媒体关注亦能改善公司信息环境。因此，本书认为沪港通机制具有信息效应。

综上所述，沪港通的政策效应主要包括治理效应（减少代理冲突）与信息效应（缓解信息不对称）。下文将在（委托）代理理论与信息不对称理论的框架下分析沪港通机制分别对融资约束与股价崩盘风险的影响。

二、沪港通机制对融资约束的影响

发展中国家通过开放市场，引入境外投资主体，旨在完善市场服务功能，提高资源配置效率，更好地服务实体经济。满足上市公司融资需求、缓解融资约束是资本市场肩负的最主要功能。早在 20 世纪 80 年代初，Myers 和 Majluf（1984）就建立了在完美资本市场框架下的融资优序理论，提出了在内外信息不对称条件下，公司如何优化融资结构。在此基础上，Fazzari（1988）指出代理冲突与信息不对称是产生融资约束的两大主要原因。此后，学者们围绕委托代理理论与信息不对称理论，从公司内外部因素以及管理层特征等方面探讨了融资约束的影响因素

（Gorodnichenko 和 Schnitze，2013；姜付秀等，2016；何孝星和叶展，2017）。

前文已经分析，沪港通机制一方面引入了更多国际机构投资者，发挥了治理效应；另一方面，沪港通机制吸引了更多分析师、媒体关注，发挥了信息效应。因此，本书推断沪港通机制可能会纾解公司融资约束，给实体经济带来积极影响。

三、沪港通机制对股价崩盘风险的影响

发展中国家通过开放市场，引入更多具有成熟理念的国际机构投资者，有利于提高市场定价效率，维护资本市场的长期稳定健康发展。我国股票市场具有典型的“政策市”特征，投资者以散户居多。金融基础设施不完善、投资者结构不合理导致了我国股票市场容易出现“千股跌停”“千股涨停”等现象。股价闪崩现象已成为资本市场常态，其瞬间蒸发投资者巨额财富，时刻牵动市场参与者脆弱的神经，一直是监管层、社会公众和学术界关注的焦点。

20 世纪 70 年代末，学者们就开始从市场层面研究股价崩盘风险的形成机理。进入 21 世纪初，股价崩盘风险的研究由市场转入个股。Chen 等（2001）从管理层隐瞒信息角度探讨了股价崩盘风险的成因，并开创性地提出了股价崩盘风险的衡量指标，成为探究公司层面股价崩盘风险的起源。Jin 和 Myers（2006）进一步从委托代理理论与信息不对称角度对股价崩盘风险的形成机理进行了系统分析，诠释了“坏消息窖藏理论”，从而奠定了股价崩盘风险研究的理论基础。此后，学者们在委托代理理论与信息不对称理论框架下，从公司内外部因素以及管理层特征等方面探讨了股价崩盘风险的影响因素（Kim 等，2011；许年行等，2013；王化成等，2014）。

前文已经分析，沪港通机制一方面引入了更多国际机构投资者，缓

解了公司代理冲突；另一方面，沪港通机制吸引了更多分析师、媒体关注，提高了公司信息透明度。因此，本书推断沪港通机制可能会降低股价崩盘风险，提高股票市场效率。

四、沪港通政策效应的分析框架

广义而言，经济后果是某一项政策所产生的结果。作为一项外部治理机制，沪港通政策的启动同样具有经济后果。在前文理论分析的基础上，构建“政策-影响路径-经济后果”的逻辑框架，如图 2-2 所示。围绕“资本市场开放”这一中心，沿着“沪港通机制——信息效应/治理效应——融资约束（实体经济）”和“沪港通机制——信息效应/治理效应——股价崩盘风险（虚拟经济）”两大主线展开论证。

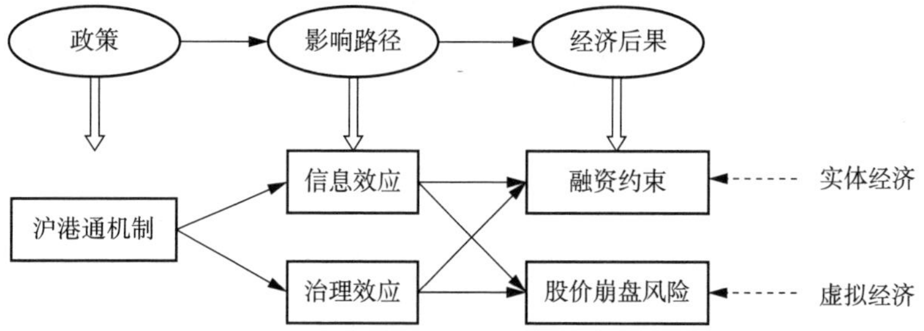

图 2-2　沪港通机制经济后果的逻辑框架

现代企业制度中，由于所有权与经营权分离，信息不对称与代理冲突问题已成为企业普遍存在的客观现象，极大地降低了资源配置效率。建立在上海与中国香港两地市场互联互通基础上的资本市场开放政策，必然会对我国股票市场生态环境、市场经济主体行为以及上市公司财务活动产生深远影响。作为一项开放政策，最直接的效应主要体现在治理效应与信息效应两个方面。本书考察沪港通政策的后果便在这两大作用机理下展开。实体经济后果方面，由于目前尚处于沪港通政策的初期阶段，再加上沪股通资金规模总体有限，诸如对投资效率、企业价值等方面的影响可能还不明显。在信息不对称与代理冲突框架下，融资约束、融资规模等问题可能是沪港通政策最直接的后果。因此，实体经济后果便从融资约束视角展开，实证检验中，本书还考察了沪港通政策对融资成本、融资规模、融资结构的影响。股票市场效率（虚拟经济）方面，股价波动性、股价信息含量可能均会受到影响，然而为突出本书的边际贡献，从股价崩盘风险视角展开论证，这也是基于信息不对称与代理冲突框架下作出的考量。实证检验中，从信息效应、治理水平以及流动性等方面进行了路径考察。

综上所述，在以上研究路径的指导下，本书探讨了沪港通机制的经济后果，并提出政策建议。

第三章

资本市场开放与信息环境

有效市场假说确立了现代资本市场理论的核心，其理论意义在于，提高证券市场的有效性，根本途径就是解决股票价格形成过程中的信息披露、信息传递、信息解读、信息反馈等各环节中出现的问题。在有效市场假说理论体系下，本书以信息环境作为资本市场开放经济后果研究的起点。

本章基于现代资本市场理论，以 2011—2016 年沪深两市上市公司为初始样本，运用 PSM-DID 模型，以分析师预测行为作为信息环境的代理变量，检验沪港通机制对上市公司信息环境的影响。研究发现，沪港通实施后标的公司分析师跟踪数量增加，预测精确度提高，预测分歧度降低。在弱化内生性问题以及多种稳健性测试后，结论依然不变。研究结论不仅丰富了分析师预测行为影响因素的分析范式，同时也为探索我国资本市场开放的经济后果提供了微观证据。

第一节　问题的提出

长期以来，由于“三元悖论”的存在，汇率稳定、货币政策独立与跨境资本自由流动三个目标不能同时实现，发展中国家的特点决定了我国汇率管制与货币政策的独立性，导致资本账户相对封闭。尽管已先后推出了 B 股市场、交叉上市、QFII 制度、RQFII 制度等多项对外开放制度，但仍然无法满足海外投资者参与中国经济增长的愿望。在全球资产配置盛行、人民币国际化进程加快的背景下，扩大对外开放已成为我国资本市场改革的主旋律。

2014 年 11 月，上海与中国香港股票市场交易互联互通机制正式通车，标志着我国资本市场又向国际化迈出重要一步。沪港通启动之初，标的股票共有 568 只，沪股通每日额度为 130 亿元，总额度为 3000 亿元。2018 年 4 月，中国证监会宣布进一步扩大金融业对外开放 10 余项措施，其中包括沪股通每日额度扩大 4 倍，调整为 520 亿元，资本市场开放程度堪称历史之最。中国香港证券市场以机构投资者为主，较中国内地市场更为成熟和国际化，因此沪港通的实施将倒逼中国内地证券市场改革，同时也会为 A 股带来增量资金与国际视角。研究沪港通政策的经济后果已然成了一个重要命题。

作为一项机制创新，沪港通是我国资本账户尚未完全开放情况下设计的跨境投资新模式。从理论探索来看，沪港通业务遵循审慎推进、分步扩容原则，试点政策的外生引入为理论研究提供了自然实验条件；从实践启示来看，伴随着金融市场监管体系的日益完善，沪港通交易规模和活跃度与日俱增，截至 2018 年 6 月 30 日，沪股通共经历 955 个交易日，累计买入金额（卖出金额）约为 3.03 万亿元（2.74 万亿元）人民币，日均买入金额（卖出金额）约为 31.71 亿元（28.69 亿元）人民币。从现有文献体系来看，国内外关于股票市场开放经济后果的研究主要聚焦于市场估值效应、股价信息含量以及实体经济（Chari 和 Henry，2004；Mitton，2006；钟覃林和陆正飞，2018）。也有文献从交叉上市视角，探讨其对公司信息环境、分析师预测行为的影响（Lang 等，2003；Fernandes 和 Ferreira，2008）。事实上，与西方发达国家相比，中国证券市场植根于新兴加转轨经济背景，投资者保护程度不高，金融基础设施尚不完善。在这一特殊制度环境下，是否具备资本市场开放的条件并充分发挥其积极作用，有待进一步考察与探索。基于此，本章借助沪港通试点这一自然实验平台，从信息环境视角出发，深入剖析沪港通政策对我国资本市场的影响。

借鉴 Lang 等（2003）、王艳艳等（2014）的研究，以分析师跟踪数量、分析师预测精确度作为公司信息环境的代理变量。本章可能的边际贡献主要存在于以下几方面：第一，借助沪港通政策实施这一自然实验平台，采用 PSM-DID 模型，检验资本市场开放对公司信息环境的影响，在方法上有效地缓解了这一研究领域面临的内生性问题。第二，基于分析师预测行为视角，研究资本市场开放的经济后果并系统分析其潜在的作用机理，在内容上深化了分析师预测行为影响因素的研究链条，为 Lang 等（2003）的研究在发展中国家找到了证据支持。第三，本章研究沪港通机制的信息改善功能，揭示了资本市场开放作用于实体经济的具体路径，为进一步扩大资本市场对外开放提供理论证据与实践启示。

第二节　理论分析与研究假设

一、分析师预测行为影响因素分析

证券分析师是信息传递的中介，在资本市场中扮演举足轻重的角色。现有文献针对分析师预测行为影响因素的研究主要从分析师跟踪数量与分析师预测特征两个维度进行论述。

其一，Bhushan（1989）运用经济学均衡理论，提出了分析师跟踪数量由分析师服务的供给曲线与需求曲线的均衡点决定。此后对分析师跟踪数量的研究基本上是在供给曲线与需求曲线均衡框架下展开的。Shores（1990）认为分析师倾向跟踪规模大的公司，因为大公司的信息更能让机构投资者感兴趣，而他们是主要的信息需求方。O'Brien 和 Bhushan（1990）研究表明那些行业信息披露监管比较严的公司更容易引起分析师的注意，原因在于这些公司在监管部门的要求下，信息披露比一般的公司更为全面，从而降低了分析师搜集信息的成本。类似的逻辑还有，分析师更偏好跟踪盈利能力强、具有成长潜力（Mcnichols 和 O'Brien，1997）、经营风险低、治理结构好（岳衡和林小驰，2008）以及业务多元化的公司（蔡卫星和曾诚，2010）。当企业披露非财务信息时，也会致使分析师服务供给与需求曲线向右移动，最终导致分析师跟踪数量增加（王艳艳，2014）。

其二，分析师预测特征包括预测分歧度与精确度两个方面。已有文献从公司特征、分析师自身特征以及信息披露等角度展开探讨。King（1990）发现市场回报与盈余水平的相关系数越大，分析师越能对盈余作出准确预测，预测分歧度越低。Barron 等（1998）研究表明信息不确定性会影响分析师预测，导致分歧度增加，这一结论得到了 Zhang 等（2006）的证据支持。预测精确度还会受到分析师个人经验、能力的影响（Clement，1999）。此外，公司盈余波动性大会降低分析师预测准确度（石桂峰等，2007），而信息披露越透明，分析师预测分歧度越低、准确度越高（Lang 和 Lundholm，1996；方军雄，2007；白晓宇，2009）。此外，Lang 等（2003）从交叉上市视角研究了资本市场开放对分析师行为的影响。事实上，交叉上市公司可能本身信息环境就很好，其结果具有天然的内生性。

二、沪港通机制与分析师跟踪数量

在 Bhushan（1989）的理论框架下，本书研究的核心问题是沪港通政策如何影响分析师服务供给与需求。

首先，从需求角度来看，中国经济的持续增长提升了本国资产在全球市场中的吸引力，跨境投资者配置需求增加，而沪港通政策的启动极大地满足了海外投资者分享中国经济增长成果的意愿。这些国际机构投资者在配置之前可能首先要了解、熟悉投资标的，研读分析师盈余预测报告。因而海外资本的介入促进了券商、分析师等中介机构参与相关上市公司信息“生产”。同时，沪港通政策的实施，提高了标的公司的全球关注度，势必增加海内外机构调研次数，机构投资者倾向介入被分析师跟踪的公司，而分析师跟踪的重点也是机构投资者感兴趣的公司。因此在其他因素不变的前提下，沪港通政策实施以后，跨境投资客户的需求会促使分析师提供更多信息挖掘、加工、传递等服务，导致分析师服务需求曲线向右移动。

其次，从供给角度来看，沪港通政策倒逼我国内地资本市场改革，在各项配套基础制度建设的过程中，监管部门将会参考国际相关法则与监管标准，健全上市公司信息披露制度，净化市场生态环境。作为试点的上市公司，既是政策的受益者，也是资本市场国际化进程中的重点监管对象。因此，在资本市场逐步放开前提下，这些标的公司理应起到示范作用，完善信息披露制度建设。公司披露的公开信息越丰富，分析师对私有信息的搜集就越少，信息的“生产成本”越低，从而使供给曲线向右移动（Lang 和 Lundholm，1996）。

基于以上分析，沪港通政策可能会使分析师服务供给与需求曲线同时向右移动，最终导致曲线均衡点向外推，分析师均衡数量增加。本章提出第一个假设——

假设 3-1：沪港通政策实施后，标的公司的分析师跟踪数量增加。

三、沪港通机制与分析师预测精确度

预测精确度影响因素的分析逻辑在于信息质量与分析师自身特征（Zhang，2006）。

一方面，沪港通启动以后，来自发达地区的投资者或跟踪调研公司的经营状况，或买入公司股票成为重要股东。这些海外机构的投资者保护意识较强，可能会积极参与到公司治理中，成为公司内部重要的监督主体，并要求提供更加透明的财务信息。另外，分析师、媒体、审计师、承销商等众多市场中介机构，在政策驱动效应下也会跟踪关注上市公司，成为公司外部监督主体。这些市场经济主体内外结合，构成了多方位的监督体系，极大约束了管理层的不良行为，促使公司提供高质量的信息。Byard 和 Shaw（2003）认为信息披露质量的提升，不仅提高了公共信息的精确性，也提高了私有信息的精确性，从而减少了整体预测误差。

另一方面，分析师的从业经验、专业能力也会影响预测精确度（Clement，1999）。我国股票市场对外开放程度的提升迫使国内本土券商公司不能故步自封，坚守自家门口的一亩三分地。提高自身业务能力、推动行业国际化发展已成卖方分析师的重要课题。海外投资者的持续增加，带来了新的需求与新的研究方法。它们对财务数据的分析有更细致的要求，在使用一家机构的研报之前首先要看分析师预测模型，然而国内分析师的预测模型在国际投资者眼中并不理想。基于离岸市场的跨境研究与本土投资者服务方式差异较大，为了覆盖海外市场，本土分析师必然会参加培训，学习与借鉴国外先进的模型与方法，提升国际化能力。事实上，一些海外战略投资者入股的券商早在沪港通开通之前就已经未雨绸缪，开始组织培训，使它们的行业分析师能够兼顾 A 股、H 股以及海外市场。显然，分析师个人能力的提高、预测模型的改进必然导致预测精确度增加。基于以上分析，本章提出第二个假设——

假设 3-2：沪港通政策实施后，标的公司分析师预测精确度提高。

四、沪港通机制与分析师预测分歧度

分析师预测分歧度影响因素的分析逻辑在于预测模型和信息源的差异（Harris 和 Raviv，1993）。Harris 和 Raviv（1993）认为，如果分析师所用的预测模型不同，即使信息源一致，最终的预测分歧度也会较大；在预测模型一样的情况下，分析师根据市场中的公共信息与私有信息进行盈余预测，即上市公司发布的公共信息与分析师依靠自身获取的私有信息组成了盈余预测的信息集。对于不同分析师而言，相同的公共信息使他们的预测结果趋同，不同的私有信息使他们的预测结果产生差异。

首先，沪港通机制实施后，两地监管机构以及交易所之间必将紧密合作，协调一致。在发达市场的带动效应下，中国内地资本市场监管机制不断走向规范与完善，必然要求上市公司公开披露更充分的信息以满足监管机构的从严标准以及海外投资者的需求。公共信息越多，分析师们进行盈余预测所依据的信息重合度越高，预测差异性越低。

其次，资本市场国际化，对于证券分析师行业的发展而言，既是机遇也是挑战。完善行业顶层设计、提升服务质量，成为重要议题。然而，一直以来，国内分析师所用到的预测模型差别较大，饱受国际投资者争议。因此，对于券商分析师而言，尤其是覆盖海外业务的分析师，预测模型的改进与趋同成为行业发展方向。

基于以上分析，本章提出第三个假设——

假设 3-3：沪港通政策实施后，标的公司分析师预测分歧度降低。

第三节　研究设计

一、样本选择与数据来源

本书采用双重差分模型来检验沪港通政策对公司分析师预测行为的影响，以 2011—2016 年作为样本期间；以纳入沪港通标的名单的公司作为实验组，以沪市未进入该名单的公司以及深市部分公司作为对照组[①]，并对样本公司按照以下程序进行筛选：①剔除样本期间被调整出标的名单的公司；②剔除金融类上市公司、ST 公司及财务数据缺失的公司。最终得到 10824 个公司—年度观测值。本章对所有连续变量在 1%和 99%分位点进行了缩尾处理，并对所有回归在公司层面进行聚类处理。本书财务数据主要来自万得数据库（Wind）和国泰安数据库（CSMAR）。

二、变量定义与计算

（一）分析师跟踪数量

由于只能统计到跟踪每家上市公司的券商团队数量，并不知道团队内部具体有多少个分析师，因此本书的分析师跟踪数量以对上市公司作出盈余预测的券商团队数量来衡量。跟踪公司的券商数量越多，表明公司信息环境越好。

（二）分析师预测精确度

对于同一家上市公司，已作出预测的分析师可能会修正之前的预测，新的分析师又会加入预测的行列。因此本书选取每家券商发布的最后一次预测值并取平均数，作为分析师的每股盈余预测值，采用分析师盈余预测误差来衡量预测精确度。具体计算公式为

$$Ferror = \frac{|Mean(FEPS) - AEPS|}{|AEPS|} \tag{3-1}$$

其中，*Ferror* 为分析师预测精确度，*FEPS* 为分析师每股盈余预测值，*AEPS* 为实际每股盈余。分析师盈余预测误差越小，预测精确度越高，信息环境越好。

① 由于中国证监会 2016 年 12 月又启动了深港通，沪港通与深港通两项政策具有很大的相似性，为避免深港通的开通影响自然实验平台，本书在选择深市股票作为控制组时，剔除了 800 余只深股通标的股。

（三）分析师预测分歧度

本书以年度内所有分析师对某上市公司最后一次盈余预测的标准差除以盈余预测均值的绝对值作为分析师预测分歧度的主要度量指标。具体计算公式为

$$Disp=\frac{Sd(FEPS)}{Abs[Mean(FEPS)]} \tag{3-2}$$

其中，$Sd(FEPS)$ 是所有分析师对某上市公司最后一次盈余预测的标准差，$Abs[Mean(FEPS)]$ 表示盈余预测均值的绝对值。

（四）控制变量

参照现有文献，针对分析师跟踪数量的检验，本章控制了公司规模（*Size*）、机构持股比例（*Inst*）、盈余波动性（*Volatity*）、公司业务复杂度（*Herf*）、成长性（*Growth*）、审计师特征（*Big*4）、股权集中度（*Top*10）、净资产收益率（*Roe*）。针对分析师预测精确度、分歧度的检验，本章控制了公司规模（*Size*）、机构持股比例（*Inst*）、盈余波动性（*Volatity*）、分析师预测频率（*Updata*）、盈余与市场回报系数（*Coefficient*）、股权集中度（*Top*10）、净资产收益率（*Roe*）、系统风险（*Beta*）。主要变量的定义如表 3-1 所示。

表 3-1　分析师预测行为主要变量定义

变量名称	变量定义
分析师跟踪数量（*Coverage*）	参与盈余预测的券商团队数量取对数
分析师预测精确度（*Ferror*）	分析师发布盈余预测的误差程度
分析师预测分歧度（*Disp*）	所有券商年度内对同一上市公司盈余预测的分歧程度
沪港通标的公司（*Treat*）	若公司在样本期间被纳入沪港通名单，则 $Treat=1$，否则 $Treat=0$
沪港通开通时间（*Post*）	若属于公司进入沪港通名单之后的年度，则 $Post=1$，否则 $Post=0$
公司规模（*Size*）	上市公司总资产取对数

续表

变量名称	变量定义
机构持股比例（*Inst*）	所有机构投资者持股份额占比
净资产收益率（*Roe*）	净利润与所有者权益之比
成长性（*Growth*）	公司营业收入增长率
盈余波动性（*Volatity*）	公司近三年净利润变动额的标准差
分析师预测频率（*Updata*）	券商对某家上市公司发布盈余预测的平均次数
审计师特征（*Big*4）	虚拟变量，若当年由“四大”审计事务所审计，则 *Big*4=1，否则 *Big*4=0
盈余与市场回报系数（*Coefficient*）	上市公司近三年净利润与股票回报率的相关系数
公司业务复杂度（*Herf*）	赫芬达尔指数，表示公司在各行业收入占比的平方和
系统风险（*Beta*）	公司股票的系统风险
股权集中度（*Top*10）	前十大股东持股比例之和
企业价值（*TobinQ*）	（股权市值+债务市值）÷期末总资产
账面市值比（*Bm*）	股东权益÷公司总市值
资产负债率（*Lev*）	公司年末负债账面价值与资产账面价值之比

三、研究模型设计

借鉴 Chan 等（2012）的研究设计，基于双重差分思想，本书构建以下模型进行回归分析①：

$$Coverage_{i,t}=\alpha+\beta_1 Treat_i+\beta_2 Post_{i,t}\times Treat_i+\beta_3 Size_{i,t}+\beta_4 Inst_{i,t}+\beta_5 Volatity_{i,t}+\beta_6 Growth_{i,t}+\beta_7 Roe_{i,t}+\beta_8 Herf_{i,t}+\beta_9 Top10_{i,t}+\beta_{10} Big4_{i,t}+\sum Year+\sum Ind+\varepsilon_{i,t} \quad (3-3)$$

$$Ferror_{i,t}=\alpha+\beta_1 Treat_i+\beta_2 Post_{i,t}\times Treat_i+\beta_3 Size_{i,t}+\beta_4 Inst_{i,t}+\beta_5 Volatity_{i,t}+\beta_6 Updata_{i,t}+\beta_7 Roe_{i,t}+\beta_8 Coefficient_{i,t}+\beta_9 Top10_{i,t}+\beta_{10} Beta_{i,t}+\sum Year+\sum Ind+\varepsilon_{i,t} \quad (3-4)$$

① 变量 *Post* 与年度固定效应存在多重共线性，由于已经控制了年度固定效应，因此本书的所有双重差分模型均不再引入变量 *Post*。

$$Disp_{i,t}=\alpha+\beta_1 Treat_i+\beta_2 Post_{i,t}\times Treat_i+\beta_3 Size_{i,t}+\beta_4 Inst_{i,t}+\beta_5 Volatity_{i,t}+\beta_6 Updata_{i,t}+\beta_7 Roe_{i,t}+\beta_8 Coefficient_{i,t}+\beta_9 Top10_{i,t}+\beta_{10} Beta_{i,t}+\sum Year+\sum Ind+\varepsilon_{i,t} \quad (3-5)$$

其中，模型（3-3）、模型（3-4）、模型（3-5）的交互项系数 β_2 刻画了沪港通标的公司在实验前后分析师预测行为的变化与非标的公司在实验前后变化的差异，即政策的净效应，是本章重点关注的对象。预计模型（3-3）中的系数 β_2 显著为正，即沪港通政策增加了分析师跟踪数量；同理，预计模型（3-4）中的系数 β_2 显著为负，即沪港通政策降低了分析师预测误差，提高了预测精确度；预计模型（3-5）中的系数 β_2 显著为负，即沪港通政策降低了分析师预测分歧度。

第四节　实证结果与分析

一、描述性统计

表 3-2 列示了主要变量的描述性统计。从分析师预测行为变量来看，*Coverage* 均值为 1. 801，说明平均每个上市公司约有 6 家机构跟踪；*Ferror* 的最小值为 0. 007，最大值为 31. 01，标准差为 4. 779，且均值远大于中位数，说明我国证券市场分析师水平参差不齐，预测精确度差异很大，并具有明显的乐观偏差倾向；*Disp* 的均值为 0. 599，标准差为 3. 159，表明发展中的资本市场分析师盈余预测分歧度较大。从沪港通变量来看，*Treat* 的均值为 0. 271，表明在本章的样本中，约有 27%的公司最终进入沪港通标的名单，沪港通业务规模还比较小。

表 3-2 分析师预测行为主要变量描述性统计

变量	样本量	均值	标准差	最小值	最大值	25 分位	中位数	75 分位
Coverage	10824	1. 801	1. 016	0	3. 689	1. 099	1. 946	2. 565
Ferror	10824	2. 358	4. 779	0. 007	31. 01	0. 255	0. 806	2. 082
Disp	10824	0. 599	3. 159	0. 022	20. 804	0. 249	0. 604	1. 406
Treat	10824	0. 271	0. 445	0	1	0	0	1
Size	10824	21. 97	1. 347	19. 24	25. 93	21	21. 78	22. 76
Inst	10824	4. 825	4. 522	0	20. 89	1. 220	3. 630	7. 229
Updata	10824	1. 804	0. 703	1	4. 077	1. 250	1. 700	2. 176
Beta	10824	0. 914	0. 518	0	1. 697	0. 731	1. 096	1. 280
Volatity	10824	0. 860	0. 631	0. 326	2. 516	0. 602	0. 837	2. 279
Herf	10824	0. 642	0. 654	0. 121	2. 079	0. 493	0. 615	1. 000
*Top*10	10824	60. 40	14. 92	21. 09	90. 31	50. 00	61. 80	72. 07
*Big*4	10824	0. 064	0. 244	0	1	0	0	0
Coefficient	10824	0. 063	0. 408	-1	0. 924	-0. 338	0. 041	0. 203
Growth	10824	0. 129	0. 280	-0. 636	1. 378	0	0. 100	0. 238
Roe	10824	0. 088	0. 091	-0. 273	0. 379	0. 042	0. 084	0. 132

二、多元回归分析

（一）沪港通机制与分析师跟踪数量

为避免分析师跟踪数量单一测量指标的噪声，本章同时引入券商发布的预测研报数量（*Repot*）并取对数作为分析师跟踪数量的另一测量指标。表 3-3 报告了假设 3-1 的回归结果。第（1）、（2）列分别以作出预测的券商数量和券商发布研报的数量作为被解释变量。从表中可以看出，无论是以 *Coverage* 还是以 *Report* 作为被解释变量，*Treat* 均不显著，说明沪港通正式开通之前标的公司相较于非标的公司，在分析师跟踪数量方面并无显著差异。交互项 $Post_{i,t} \times Treat_i$ 与 *Coverage*、*Report* 的回归系数分别为 1.031、1.940，均在 1%水平上显著正相关，这就证明了假设 3-1，即沪港通政策实施以后，增加了标的公司分析师跟踪数量。事实上，股票市场开放提升了相关上市公司的国际知名度，海外机构投资者的配置推动了分析师跟踪标的公司的服务需求；同时由于监管力度的加强，相关上市公司信息披露更加透明，降低了分析师提供信息服务的成本。基于以上理论分析与实证检验，股票市场开放增加了分析师跟踪数量。

从控制变量方面来看，公司规模（*Size*）、机构持股比例（*Inst*）、成长性（*Growth*）、净资产收益率（*Roe*）、审计师特征（*Big*4）与分析师跟踪数量正相关；而近三年盈余波动性（*Volatity*）、公司业务复杂度（*Herf*）与分析师跟踪数量负相关，这些结论和 Bhushan（1989）、白晓宇（2009）等的观点基本一致。

表 3-3　沪港通机制与分析师跟踪数量

	(1) *Coverage*	(2) *Report*
Treat	0.527 (1.51)	0.384 (1.42)
$Post_{i,t} \times Treat_i$	1.031*** (3.55)	1.940*** (2.76)
Size	2.115*** (32.33)	5.561*** (35.06)
Inst	0.451*** (30.76)	1.080*** (30.40)
Volatity	-0.375*** (-3.23)	-0.662** (-2.36)
Growth	0.820*** (3.14)	3.601*** (5.69)
Roe	3.814*** (4.18)	7.562*** (4.15)

续表

	(1) Coverage	(2) Report
Herf	-1.303*** (-12.10)	-2.952*** (-11.31)
*Top*10	0.019** (2.20)	0.003 (0.31)
*Big*4	1.600*** (5.50)	4.173*** (5.92)
Constant	-38.530*** (-25.84)	-106.402*** (-29.43)
Year/Ind	Yes	Yes
N	10824	10824
Adj-R^2	0.352	0.346

注：***、**、*分别表示在1%、5%、10%的水平上显著，括号内数值为 t 值。

（二）沪港通机制与分析师预测精确度

为检验假设 3-2，在进行全样本回归的同时，本章进一步把分析师盈余预测分为乐观组和悲观组两个子样本①，分析沪港通实施对分析师预测精确度的影响。回归结果如表 3-4 所示。从第（1）列可以看出，交互项 $Post_{i,t} \times Treat_i$ 与被解释变量 *Ferror* 的回归系数为-0.180，在 1%水平上显著，表明沪港通实施降低了分析师预测误差。从第（2）、（3）列两个子样本可以看出，乐观组样本量远远大于悲观组，乐观组中交互项 $Post_{i,t} \times Treat_i$ 与预测误差 *Ferror* 在 1%水平上显著负相关，悲观组交互项 $Post_{i,t} \times Treat_i$ 与预测误差 *Ferror* 在 5%水平上显著负相关。说明对于乐观组，沪港通有利于纠正分析师乐观偏差，降低盈余预测值，使其向更接近真实值的方向移动；对于悲观组，沪港通有利于纠正分析师悲观偏差，提高盈余预测值，使其向更接近真实值的方向移动。基于以上

① 根据公式 $Ferror = (MEPS - AEPS) / |AEPS|$ 进行分组，当 $Ferror > 0$ 时，表明分析师持有乐观预期；当 $Ferror < 0$ 时，表明分析师持有悲观预期。

分析，沪港通作为一种外部治理机制，提升了分析师预测精确度，假设3-2得到验证。

表 3-4 沪港通机制与分析师预测精确度

	(1) 全样本	(2) 乐观组	(3) 悲观组
Treat	-0.442 (-1.53)	-0.487* (-1.84)	-0.030 (-0.75)
$Post_{i,t}\times Treat_i$	-0.180*** (-3.21)	-0.136*** (-2.81)	-0.042** (-2.16)
Size	0.121*** (3.47)	0.109*** (2.79)	0.006* (1.70)
Inst	-0.028*** (-3.20)	-0.031*** (-3.14)	-0.004*** (-3.81)
Volatity	-2.922*** (-45.55)	-3.360*** (-46.03)	-0.049*** (-6.48)
Updata	-0.080 (-1.37)	-0.140** (-2.17)	-0.022*** (-3.03)
Roe	-9.485*** (-20.39)	-10.129*** (-19.20)	-0.020 (-0.34)
Coefficient	0.123 (1.29)	0.069 (0.65)	0.008 (0.72)
*Top*10	-0.023*** (-8.70)	-0.023*** (-7.68)	-0.002*** (-6.35)
Beta	-0.183** (-2.23)	-0.353*** (-3.90)	-0.011 (-1.10)
Constant	2.727*** (3.76)	3.324*** (4.05)	0.187** (2.39)
Year/Ind	Yes	Yes	Yes
N	10824	6083	4741
$Adj\text{-}R^2$	0.242	0.153	0.103

注：***、**、*分别表示在1%、5%、10%的水平上显著，括号内数值为 *t* 值。

（三）沪港通机制与分析师预测分歧度

为避免分析师预测分歧度单一测量指标的噪声，本章借鉴 Sohn

(2014)、吴锡皓和胡国柳(2015)的研究，以经每股总资产调整后的盈余预测标准差(*Dispersion*)作为分析师预测分歧度的辅助度量指标。其计算公式为：$Dispersion = Sd(FEPS)/TA$，其中，*TA* 代表每股总资产。表 3-5 报告了假设 3-3 的回归结果。从表中第(1)、(2)列可以看出，交互项 $Post_{i,t} \times Treat_i$ 与被解释变量 *Disp*、*Dispersion* 的回归系数分别为-0.042、-0.025，在 5%、1%水平上显著相关。这一结果表明，沪港通政策启动后，标的公司分析师预测分歧度降低，这就证明了假设 3-3。事实上，沪港通开通后，随着上市公司披露更多公开信息以及分析师自身预测水平的提升，行业间信息源差异、预测模型差异减小，因而分析师预测分歧度降低。

表 3-5　沪港通机制与分析师预测分歧度

	(1) *Disp*	(2) *Dispersion*
Treat	-0.099* (-1.67)	-0.021* (-1.70)
$Post_{i,t} \times Treat_i$	-0.042** (-2.57)	-0.025*** (-3.46)
Size	0.119*** (4.47)	0.011*** (4.43)
Inst	-0.010* (-1.69)	-0.019*** (-2.73)
Volatity	-0.548*** (-3.74)	-0.301*** (-8.49)
Updata	-0.002 (-0.06)	-0.001 (-0.95)
Roe	1.304*** (6.08)	0.201*** (3.85)
Coefficient	-0.020 (-0.30)	-0.018 (-0.97)
Top10	0.014*** (7.65)	0.022*** (3.24)

续表

	(1) *Disp*	(2) *Dispersion*
Beta	−0.164*** (−2.80)	−0.032*** (−10.68)
Constant	0.903*** (8.53)	0.619*** (9.21)
Year/Ind	Yes	Yes
N	10824	10824
Adj-R^2	0.193	0.131

注：***、**、* 分别表示在 1%、5%、10%的水平上显著，括号内数值为 *t* 值。

三、内生性问题

由于沪港通标的名单并非随机选定，政策启动之前实验组与对照组的公司特征可能存在差异，这些差异导致事件前分析师预测行为就不一样，进而降低了双重差分模型估计的有效性。因此，本章采用倾向得分匹配方法寻找与公司特征尽可能相似的对照组，并运用配对样本分别进行安慰剂检验和双重差分估计。

（一）倾向得分匹配

入选沪港通标的名单的股票包括上证 180、上证 380 以及在上交所上市的 A+H 股，这些公司均具有规模大、市盈率低、盈利能力强等特点，因此本章选择匹配的变量包括公司规模（*Size*）、净资产收益率（*Roe*）、成长性（*Growth*）、盈余波动性（*Volatity*）、账面市值比（*Bm*），并控制年度、行业固定效应。按照 1∶1 近邻匹配原则，本章为每个实验组寻找到了相似的对照组，最终得到配对样本 3240 组（6480 个）。在进行重新估计之前，对配对样本进行了平衡性检验，检验结果如表 3-6 所示。从表 3-6 中可以看出，实验组与对照组在基本特征、盈余波动性等方面已经不存在显著差异。

表 3-6　分析师预测行为倾向得分匹配平衡性检验

解释变量	*Treat*	*Control*	*t-value*	*p-value*
Size	22.01	21.87	1.43	0.182
Roe	0.093	0.087	1.03	0.551
Growth	0.119	0.130	-0.51	0.219
Bm	0.875	0.741	1.28	0.357
Volatity	0.076	0.087	-0.33	0.744

（二）安慰剂检验

参照 Chen 等（2015）、张璇等（2015）的做法，本部分运用安慰剂检验识别沪港通机制与分析师预测行为之间的因果关系。具体模型设计形式为

$$Coverage_{i,t}/Ferror_{i,t}/Disp_{i,t}=\alpha+\beta_1 Post_{i,t}+\gamma Control+\varepsilon_{i,t} \quad (3-6)$$

其中，*Post* 为沪港通时点变量，对于实验组，在进入沪港通标的名单之后取值为 1，否则取值为 0；对于对照组，取值与配对样本相同。根据安慰剂检验思想，本章运用模型（3-4）分别对实验组和对照组进行回归。表 3-7 第（1）、（2）、（3）列报告了实验组回归结果，第（1）列 *Post* 回归系数为 2.285，在 1%水平上显著；第（2）列 *Post* 回归系数为-0.628，在 1%水平上显著；第（3）列 *Post* 回归系数为-0.234，在 10%水平上显著。说明沪港通政策实施后，标的公司分析师跟踪数量增加，预测精确度提高，预测分歧度降低。表 3-7 第（4）、（5）、（6）列报告了对照组回归结果，*Post* 回归系数均不显著，表明对照组并不受沪港通政策影响，一定程度上排除了政策的溢出效应。

表 3-7 安慰剂检验

	实验组			对照组		
	(1) *Coverage*	(2) *Ferror*	(3) *Disp*	(4) *Coverage*	(5) *Ferror*	(6) *Disp*
Post	2.285*** (3.18)	-0.628*** (2.67)	-0.234* (-1.81)	0.237 (0.95)	-0.253 (-1.46)	-0.174 (-1.36)
Size	1.664*** (11.82)	0.004 (0.05)	0.052 (1.00)	1.895*** (6.35)	0.327 (1.50)	0.312* (1.92)
Inst	0.384*** (11.02)	-0.012 (-0.60)	-0.006 (-0.44)	0.375*** (13.78)	-0.053** (-2.56)	-0.016 (-1.03)
Volatity	-0.235 (-0.80)	-2.320*** (-15.34)	-1.256*** (-11.84)	-0.214 (-1.01)	-2.401*** (-16.32)	-1.338*** (-12.20)
Growth	0.972** (2.25)	—	—	0.873* (1.92)	—	—
Roe	9.844*** (7.71)	-7.639*** (6.59)	-6.672*** (-8.67)	8.816*** (7.23)	-9.424*** (-7.94)	-5.319*** (-6.01)
Herf	-1.665*** (-7.14)	—	—	-0.155 (-0.76)	—	—
Top10	0.018* (1.71)	-0.014** (-2.21)	-0.005 (-1.15)	0.031*** (3.05)	-0.014* (1.95)	-0.017*** (-3.04)
Big4	1.492*** (3.01)	—	—	-1.327 (-0.92)	—	—
Updata	—	-0.200 (-1.53)	-0.104 (-1.16)	—	-0.175 (-1.39)	0.131 (1.40)
Coefficient	—	0.617** (2.53)	0.294* (1.78)	—	0.475** (2.50)	-0.423*** (-2.98)
Beta	—	-0.435 (-1.14)	0.520** (2.06)	—	-0.381** (-2.48)	-0.293** (-2.56)
Constant	-30.151*** (-9.58)	4.045** (1.98)	0.941 (0.79)	-37.385*** (-5.91)	-2.184 (-0.48)	-3.003 (-0.88)
Year/Ind	Yes	Yes	Yes	Yes	Yes	Yes
N	3240	3240	3240	3240	3240	3240
$Adj\text{-}R^2$	0.261	0.240	0.146	0.193	0.194	0.129

注：***、**、*分别表示在1%、5%、10%的水平上显著，括号内数值为 *t* 值。

（三）平行趋势假定检验

双重差分模型的一个重要前提是平行趋势假定，又叫共同趋势假定（Common Trends）。但是，考虑到沪港通标的股和非标的股在自然实验前的绩效变动趋势很可能并不相同，即平行趋势假定极可能并不成立，此时，是无法通过双重差分模型来获得一致估计量的。为保证 DID 估计的可靠性，本章扩展了实验前的样本年度，构造动态 DID 模型，即增加实验前 4 年（2010—2013 年）各年度虚拟变量与分组变量 *Treat* 的交叉项。若这些交叉项系数均不显著，则说明满足平行趋势假定。具体模型为

$$Coverage_{i,t}/Ferror_{i,t}/Disp_{i,t}=\alpha+\beta_1 Before_{it}^4\times Treat_i+\beta_2 Before_{it}^3\times Treat_i+\beta_3 Before_{it}^2\times Treat_i+\beta_4 Before_{it}^1\times Treat_i+\beta_5 Current_{it}\times Treat_i+\beta_6 After_{it}^1\times Treat_i+\gamma Z_{it}+\varepsilon_{i,t} \quad (3-7)$$

其中，$Before^4$ 为年度虚拟变量，如果公司处于沪港通开通之前的第 4 年，则 $Before^4=1$，否则 $Before^4=0$，$Before^3$、$Before^2$、$Before^1$、$Current$、$After^1$ 的定义依此类推。矩阵 Z_{it} 表示一系列控制变量，同时控制行业与年度固定效应。表 3-8 列示了 DID 动态模型的回归结果。从表 3-8 第（1）、（2）、（3）列可以看出，实验前 4 年的年度虚拟变量与分组变量的交乘项 β_1、β_2、β_3、β_4 均不显著，说明在本章的配对样本中，沪港通实施之前，处理组与控制组分析师预测行为并无显著的趋势差异，满足了平行趋势假定。

表 3-8　平行趋势假定检验

	(1) *Coverage*	(2) *Ferror*	(3) *Disp*
$Before^4\times Treat$	-0.001 (-0.84)	-0.005 (-0.96)	0.002 (0.39)
$Before^3\times Treat$	-0.395 (-1.54)	0.118 (0.54)	0.134 (1.01)

续表

	(1) Coverage	(2) Ferror	(3) Disp
$Before^2 \times Treat$	-0.236 (-0.66)	-0.039 (-1.44)	-0.293 (-1.56)
$Before^1 \times Treat$	0.001 (0.00)	-0.088 (-1.56)	-0.126 (-1.05)
$Current \times Treat$	-0.726** (-2.01)	-0.738*** (-3.34)	-0.618*** (-4.04)
$After^1 \times Treat$	-1.791*** (-5.22)	-0.395** (-2.37)	-0.310** (-2.14)
Size	2.536*** (39.87)	0.141*** (3.70)	0.107*** (3.74)
Inst	0.444*** (31.11)	-0.031*** (-3.50)	-0.012** (-2.00)
Volatity	-0.540*** (-4.79)	-2.911*** (-5.07)	-1.547*** (-9.57)
Growth	1.021*** (4.03)	—	—
Roe	6.221*** (9.30)	-8.814*** (-18.43)	-5.308*** (-15.55)
Herf	-1.243*** (-11.85)	—	—
Top10	0.003 (0.71)	-0.021*** (-7.65)	-0.015*** (-7.56)
Big4	1.207*** (4.26)	—	—
Updata	—	-0.085 (-1.44)	0.002 (0.05)
Coefficient	—	0.090 (0.93)	-0.014 (-0.22)
Beta	—	-0.179** (-2.11)	-0.171*** (-3.09)
Constant	-7.488*** (-10.73)	2.639*** (3.14)	1.084 (1.63)

续表

	(1) *Coverage*	(2) *Ferror*	(3) *Disp*
Year/Ind	Yes	Yes	Yes
N	6480	6480	6480
$Adj\text{-}R^2$	0.386	0.259	0.193

注：***、**、*分别表示在1%、5%、10%的水平上显著，括号内数值为 t 值。

（四）配对后的双重差分估计

本章运用双重差分模型重新对配对样本进行估计，再次识别沪港通对分析师关注度的真实影响，回归结果见表3-9第（1）、（2）、（3）列。从表3-9中可以看出，交互项 $Post_{i,t} \times Treat_i$ 系数分别为1.457、-0.327、-0.321，在1%或5%水平上显著，可见即使控制了样本选择性偏误以后，结论依然显著。

表3-9 配对后的DID估计

	(1) *Coverage*	(2) *Ferror*	(3) *Disp*
Treat	0.653 (1.53)	-0.228 (-1.06)	-0.227 (-1.15)
$Post_{i,t} \times Treat_i$	1.457*** (4.24)	-0.327*** (-3.57)	-0.321** (-2.12)
Size	2.789*** (27.02)	1.064*** (21.05)	0.086* (1.76)
Inst	0.470*** (24.62)	-0.029** (-2.47)	-0.010 (-1.01)
Volatity	-0.204 (-1.31)	-1.759*** (-3.63)	-1.288*** (-17.08)
Roe	3.618*** (4.51)	-8.558*** (-12.66)	-6.657*** (-11.72)
Herf	-1.318*** (-9.43)	—	—

续表

	(1) *Coverage*	(2) *Ferror*	(3) *Disp*
*Top*10	0.013** (2.09)	-0.020*** (-5.22)	-0.010*** (-3.11)
*Big*4	0.624* (1.71)	—	—
Updata	—	-0.063 (-0.79)	0.027 (0.41)
Coefficient	—	0.187 (1.45)	-0.105 (-0.98)
Beta	—	-0.127 (-1.01)	-0.161 (-1.60)
Constant	-5.484*** (-4.23)	4.090*** (3.18)	1.346 (1.37)
Year/Ind	Yes	Yes	Yes
N	6480	6480	6480
Adj-R^2	0.382	0.253	0.135

注：***、**、*分别表示在1%、5%、10%的水平上显著，括号内数值为 *t* 值。

四、稳健性测试

（一）更换控制组

为控制样本选择性偏误，更好地解决模型识别问题，本章以 2014 年 12 月 31 日之前被调整出上证 180、上证 380 两大指数的公司作为对照组。中国证监会自发布上证 180、上证 380 两大指数以来，对其进行了几次小幅调整，截至 2014 年末，约有近 300 家公司股票被调出，本章以被调出的公司作为新的对照组，重新进行估计，回归结果如表 3-10 所示。表 3-10 第（1）、（2）、（3）列交叉项系数 $Post_{i,t} \times Treat_i$ 分别在 1%、5%、5%水平上显著，结论并未发生改变。

表 3-10　沪港通与分析师预测行为稳健性测试一

	(1) *Coverage*	(2) *Ferror*	(3) *Disp*
Treat	0. 756* (1. 77)	-0. 569 (-1. 05)	-0. 321 (-1. 37)
$Post_{i,t} \times Treat_i$	2. 888*** (7. 91)	-1. 122** (-2. 27)	-0. 284** (-1. 98)
Size	1. 491*** (11. 49)	0. 070 (0. 84)	0. 096* (1. 81)
Inst	0. 345*** (10. 94)	-0. 019 (-1. 00)	-0. 019 (-1. 36)
Volatity	-0. 201 (-0. 79)	-2. 457*** (-17. 19)	-1. 324*** (-12. 95)
Growth	0. 009 (0. 02)	—	—
Roe	8. 536*** (7. 16)	-5. 919*** (-5. 59)	-5. 010*** (-6. 88)
Herf	-1. 483*** (-6. 96)	—	—
*Top*10	-0. 015 (-1. 53)	-0. 017*** (-2. 79)	-0. 008* (-1. 84)
*Big*4	1. 538*** (3. 34)	—	—
Updata	—	-0. 184 (-1. 47)	-0. 138 (-1. 58)
Coefficient	—	0. 452* (1. 92)	0. 179 (1. 09)
Beta	—	0. 589 (1. 56)	0. 357 (1. 45)
Constant	-9. 591*** (-10. 46)	4. 452** (2. 28)	0. 698 (0. 59)
Year/Ind	Yes	Yes	Yes
N	5040	5040	5040
$Adj\text{-}R^2$	0. 277	0. 230	0. 132

注：***、**、*分别表示在 1%、5%、10%的水平上显著，括号内数值为 *t* 值。

（二）实验发生时刻的重新选择

如果标的公司分析师预测行为变化确实是沪港通政策实施所致，那么人为改变政策启动时间以后，本书的结论将不再成立。为此，本章将实施时间向前调整 3 期（即假定 2011 年 11 月沪港通启动），使整个样本区间落在了真实实验开始前，再次进行双重差分估计，结果如表 3-11 中第（1）、（2）、（3）列所示。此时，本章观察到交互项 $Post_{i,t} \times Treat_i$ 与分析师预测行为变量 *Coverage*、*Ferror*、*Disp* 均不再显著，表明分析师预测行为变化的确是沪港通政策启动所致。

表 3-11　沪港通与分析师预测行为稳健性测试二、三

	稳健性测试二		稳健性测试三	
	（1） *Coverage*	（2） *Ferror*	（3） *Disp*	（4） *Ferror*
Treat	0.227* (1.74)	-1.230** (-2.26)	-0.423** (-2.29)	-0.199 (-1.57)
$Post_{i,t} \times Treat_i$	0.314 (1.56)	-0.190 (-0.60)	-0.136 (-0.58)	-0.242** (-2.53)
Size	2.397*** (18.59)	1.096*** (11.26)	0.106* (1.90)	1.119*** (14.46)
Inst	0.417*** (15.44)	-0.043*** (-2.68)	-0.022* (-1.83)	-0.010* (-1.69)
Volatity	-0.658*** (-2.90)	-3.048*** (-4.03)	-1.669*** (-17.90)	-1.548*** (-4.74)
Growth	1.426*** (2.59)	—	—	—
Roe	3.201*** (4.91)	-11.466*** (-12.29)	-7.997*** (-11.68)	-5.304*** (-16.08)
Herf	-1.523*** (-7.44)	—	—	—
Top10	0.001 (0.11)	-0.012** (2.38)	-0.009** (-2.37)	-0.014*** (-7.65)

续表

	稳健性测试二		稳健性测试三	
	(1) *Coverage*	(2) *Ferror*	(3) *Disp*	(4) *Ferror*
Big4	1.953*** (3.52)	—	—	—
Updata	—	−0.066 (−0.63)	0.055 (0.72)	−0.002 (−0.06)
Coefficient	—	−0.121 (−0.69)	−0.096 (−0.75)	−0.020 (−0.30)
Beta	—	−0.322* (−1.79)	−0.264** (−1.99)	−0.164*** (−2.80)
Constant	−4.480*** (−4.67)	4.410*** (2.62)	2.242* (1.82)	0.903 (1.53)
Year/Ind	Yes	Yes	Yes	Yes
N	8727	8727	8727	10824
$Adj\text{-}R^2$	0.370	0.271	0.207	0.193

注：***、**、*分别表示在1%、5%、10%的水平上显著，括号内数值为t值。

（三）替换核心测度指标

借鉴Lang等（2003）、胡军等（2016）的研究，本章用年初股价（*Price*）重新测度分析师预测误差，即 $Ferror = |MEPS-AEPS|/Price$。回归结果见表3-11稳健性测试三第（4）列，主要结论依然不变。

第五节　本章小结

上市公司信息环境的改善直接证据来源于分析师关注度提高、财务报表可读性增强，间接证据来源于股票信息含量提升。本章基于分析师关注度视角，以2011—2016年沪深两市上市公司样本为基础数据，运用双重差分模型，对沪港通机制改善上市公司信息环境作了初步探索。首先，根据供求均衡理论，基于券商跟踪团队数量和发布盈余预测研报数量两个衡量指标，考察了沪港通实施对标的公司分析师跟踪数量的影响；其次，分别从乐观偏差与悲观偏差两个层面，检验了沪港通机制对分析师预测的纠偏效应；最后，通过两种度量方法探讨了沪港通政策对分析师预测分歧度的影响。

实证结果表明：①在控制其他因素影响后，沪港通政策启动既增加了相关上市公司分析师跟踪数量，也增加了分析师发布盈余预测研报数量；②沪港通机制提高了分析师预测精确度，具体表现在纠正了分析师预测乐观偏差，也抑制了分析师预测悲观偏差；③沪港通机制降低了分析师预测分歧度。采用了多种方法弱化可能存在的内生性问题，主要包括采用倾向得分匹配弱化样本选择性偏误、利用安慰剂检验考察了政策的溢出效应、运用动态 DID 模型检验了平行趋势假定。同时，本章从多个角度对结论的稳健性进行确认，具体包括更换对照组、替换核心测度指标以及重置实验发生时刻，进一步证明了本章结论的可靠性。

本章的局限性在于，仅仅从分析师预测行为视角探讨了沪港通机制对上市公司信息环境的改善，并未从多个角度检验其对公司信息环境的影响。事实上，上市公司信息环境改善的直接证据还应该包括财务报表的可读性。另外，还有更重要的间接证据，也就是纳入沪股通名单的上市公司股票的信息效率是否真正提高了。信息环境改善的根本目的，或者说真正有意义的支撑是上市公司股票价格的信息效率提升了。换句话说，本章结论表明的分析师跟踪数量增加、预测偏差度减小、预测分歧度降低，以及财务报表可读性改进等，诸如此类的信息环境改善的最终效果应该是提升标的股票价格的信息效率。因此，本书第五章将进一步从股价崩盘风险视角，考察沪港通机制对股票市场效率的影响。

第四章

资本市场开放、信息环境与融资约束

满足上市公司融资需求、缓解融资约束，是资本市场开放的重要功能。在委托代理理论与信息不对称理论框架下，本章基于融资约束视角，探讨沪港通机制对实体经济的影响。本章以 2011—2016 年沪深两市上市公司为初始样本，运用双重差分模型，从融资约束角度检验沪港通机制对实体经济的影响。研究发现，与控制组公司相比，沪港通开通以后，处理组公司融资约束程度显著下降，并且这种效应在信息环境差的组更显著，说明信息环境是沪港通作用于融资约束的重要渠道。作用路径分析表明，沪港通政策实施有利于标的公司在资本市场以较低的成本筹集更大规模的资金，以增强企业股权融资能力，克服过度依赖债务资金而导致的融资结构失衡问题。研究结论不仅丰富了融资约束影响机理的分析范式，同时也为探索股票市场开放对我国资本市场配置效率的影响提供了微观证据。

第一节　问题的提出

近年来，资本市场开放已成为我国金融改革的主要议题。尽管我国相继尝试开放金融和外汇系统，但我国的资本账户仍然较为封闭，境外投资者投资规模占全球跨境投资总规模的比例不足 3%，远远低于发达市场和其他发展较快的新兴市场国家。2014 年 11 月，中国证监会正式启动上海与中国香港股票市场交易互联互通机制试点，这是中国资本市场开放史上具有里程碑意义的事件。首批沪股通试点标的股票为568只，后经几次调整，目前仍有500余只。截至2017年12月31日，沪股通共经历727个交易日，累计成交金额约为3.54万亿元人民币，日均成交额近50亿元。尽管沪港通政策的引入时间不长，且实际的北向交易量也很小，但沪港通机制已逐渐影响我国资本市场效率以及企业经济行为，探讨该项机制的经济后果便具有了重要的理论价值与战略意义。

作为一项制度创新，沪港通是我国股票市场对外开放迈出的重要一步。从理论探索来看，与很多新兴市场国家的对外开放不同，我国沪港通业务遵循审慎推进、动态调整、分布扩容原则；从实践效果来看，伴随着相关金融基础设施的逐步完善以及评级、承销等配套服务水平的提升，沪港通活跃度与交易规模逐渐增加。从现有文献来看，国内外关于股票市场开放的研究主要聚焦于对股票收益波动性、市场定价效率以及对实体经济的影响（Henry，2000；Bekaert和Harvey，2005；Rejeb和Boughrara，2013），但鲜有文献涉及融资约束这一经济后果。事实上，融资约束一直是制约与阻碍发展中国家企业成长的重要因素（林毅夫和李永军，2001），满足上市公司融资需求是资本市场肩负的最主要功能，亦是资本市场开放的主要目的。早在20世纪80年代初，学者们就建立了不完美资本市场框架下的融资优序理论，提出了内外信息不对称条件下，公司如何优化融资结构（Myers和Majluf，1984）。在此基础上，Fazzari（1988）指出委托代理冲突与信息不对称是产生融资约束的两大根源，并首次运用投资-现金流敏感性度量融资约束程度，从而开创了公司层面融资约束实证研究的先河。此后，探讨融资约束影响因素及经济后果的文献大量涌现，目前该领域已成为财务研究的一个重要领域。解决资本市场委托代理冲突与信息不对称问题的重要手段就是培育机构投资者、提高金融发展水平（邓川和孙金金，2014）。那么，作为资本市场开放的重要手段，沪港通政策实施以后，对公司层面的融资约束会产生什么影响？其作用机理如何？这是本章要回答的主要问题。

沪股通首批标的股为上证 180 指数成分股、上证 380 指数成分股以及上海证券交易所上市的 A+H 股公司股票，投资标的数量不到上海证券交易所股票总数的一半。允许境外投资者买入和未被允许买入的股票构成了天然的试验组和控制组，便于解决内生性问题，为本章的研究设计提供了难得的“准自然实验”条件。基于此，本章以沪深主板上市公司为初始样本，运用双重差分（DID）模型，实证检验股票市场开放对标的证券融资约束的影响。本章可能的边际贡献主要有以下几方面：第一，借助沪港通这一准自然实验，采用 PSM-DID 模型，检验资本市场开放对融资约束造成的影响，能够有效缓解这一研究领域面临的内生性问题。具体来看，以同一国家上市公司作为研究样本进行分析，可有效控制经济发展、制度环境等遗漏变量带来的潜在偏误；沪港通的推出给股票市场开放程度提供了一个外生冲击，排除了反向因果关系存在的可能；另外，逐步开放的试点机制天然地区分了实验组与控制组，自动规避了股票市场开放程度的测量误差。第二，本章从公司融资约束视角，研究股票市场开放的经济后果并系统分析潜在的作用机制，从横向角度拓展了相关领域的研究。同时，丰富了融资约束影响因素的分析范式。第三，本章结论揭示了沪港通对融资约束的作用路径，为充分发挥沪港通机制的资源配置功能、促进资本市场健康发展提供了理论基础与实证支持，对我国资本市场双向开放的创新变革具有重大的战略意义。

第二节 理论分析与研究假设

一、融资约束的成因及影响因素分析

（一）融资约束的成因

经典财务理论指出，在完美资本市场中，经理人的投资决策与融资决策相互独立，即经理人能够以与内部资金相同的成本在外部市场为所有净现值大于零的投资项目筹集资金，公司内外融资成本并无差异。然而，理想情形在现实中并不存在。Fazzari 等（1988）、Kaplan 和 Zingales（1997）指出，在现实市场中存在信息不对称与契约关系导致的代理冲突，从而产生了公司融资约束。

具体来看，由于资本市场天然存在的信息不对称，外部投资者并不了解企业真实情况。在投资之前，需要耗费大量的人力、物力、财力去熟悉被投资企业，尽管如此，依然很难对企业基本情况作出准确判断。为弥补道德风险和逆向选择带来的损失，外部资金持有者可能会采取风险溢价的方式，要求企业支付额外的风险补偿，最终导致外部融资成本大于内部融资成本，从而产生了融资约束问题。

另外，现代企业制度的基本特点是所有权与经营权分离，经理人可能为了薪酬契约、职业生涯等动机刻意隐瞒公司负面消息，使外部投资者的利益受到损害。因此，外部投资者需要承担因“契约摩擦”而产生的代理成本。同样，为了维护自身利益，外部投资者会将代理成本转嫁给企业，导致企业筹资时需要付出高昂的代价。Bernanke 和 Gertler（1990）的研究证实了这一逻辑链条，其结论表明，由于契约关系下存在代理冲突，致使外部投资者要求额外的风险溢价，使内外部融资成本产生了差异，造成融资约束。

（二）融资约束的影响因素

融资优序理论的提出，奠定了学术界研究公司层面融资约束的理论基础。Fazzari 等（1988）从信息不对称与委托代理冲突视角探讨了融资约束的成因，并开创性地提出以投资-现金流敏感性衡量融资约束程度，使实证研究成为可能。此后，在投资-现金流敏感性模型基础上，学者们从公司内外部因素以及管理层特征等方面展开了一系列研究。

公司内部因素方面，张金鑫和王逸（2013）认为，会计稳健性一方面可以通过抑制管理层调增企业经营业绩以谋求私利的行为，缓解股东与管理层之间的代理冲突；另一方面通过低估公司净资产、及时确认负面消息等方式减少管理层与债权人之间的代理冲突，因而会计稳健性纾解了公司融资约束。何孝星和叶展（2017）指出实施股权激励的公司，管理层风险偏好程度提高，理性的债权人会对此作出预期，因此公司对外举债难度增加；同时，股权激励公司更容易诱发管理层进行盈余管理和财务操纵，债权人难以准确判断公司财务状况，这种风险承担效应与财务粉饰效应就会使股权激励公司面临更严峻的融资环境，融资变得更加困难。

公司外部因素方面，Gorodnichenko 和 Schnitze（2013）指出，一个国家或地区的金融发展可以从规模和效率两个方面影响微观层面企业融资约束。第一，金融发展通过增加产品、金融资源以及由此带来的规模效应，降低投资者的交易成本，为企业提供更多信贷资金；第二，金融机构获取与处理信息的能力增强，有助于降低市场信息不对称性，减少信贷扭曲，提高资金分配效率。Foley-Fisher 和 Ramcharan（2016）研究表明，宽松的货币政策有助于优化企业金融生态环境，便于企业以更低的成本获得投资所需资金，从而降低企业投资-现金流敏感性，缓解融资约束。此外，分析师、媒体等信息中介机构的跟踪与关注亦能改善公司外部信息环境，降低企业信息不对称程度，对融资约束产生积极影响（张纯和吕伟，2009；夏楸和郑建明，2015）。

管理层特征方面，胡志颖（2015）在融资供给与需求框架下，论证了女性 CEO 对公司融资约束的负面影响。首先，女性 CEO 在信贷市场容易受到歧视，资金供给方并不愿意将银行信用与商业信用提供给女性担任高管的公司；其次，女性 CEO 缺乏足够的自信，更倾向于规避风险，这种天然的特质使其更不愿意举债，从而提高了公司融资约束程度。姜付秀等（2016）基于高阶梯队理论，探讨董秘的财务经历对融资约束的积极影响。其研究表明，具有财务经历的董秘更能深刻理解财务数据背后隐含的经济意义，确保信息解释的专业性与信息披露的完整性，从而提高公司信息透明度，缓解融资约束。

二、沪港通机制与融资约束

在完美、无摩擦的市场中，公司内部资金与外部资金使用成本并无差别，二者可相互替代（Modigliani 和 Miller，1959）。然而，Fazzari 等（1988）认为，在现实情形中，由于存在信息不对称与委托代理冲突，导致公司内外融资成本产生差异，由此产生了融资约束。因此，在 Fazzari 等（1988）的理论框架下，本章研究的核心问题是沪港通机制如何影响公司委托代理冲突与信息不对称。

第一，资本市场开放能够改善公司信息环境（Bae 等，2006）。一方面，开放的市场吸引了众多来自发达地区的境外机构投资者，他们或关注跟踪上市公司，或买入上市公司股票成为重要股东。机构投资者具备专业化、规模化等优势，获取信息渠道更多，解读信息能力更强，并将信息传递给股东以及其他利益相关者，从而能够降低信息不对称程度度，纾解融资约束（甄红线和王谨乐，2016）。另一方面，沪港通在提升上市公司国际知名度以及满足跨境投资者资源配置需求的同时，也会带来众多分析师、媒体、承销商、审计机构等中介机构跟踪上市公司，加强对上市公司内部信息的挖掘。这些信息中介机构同样具备专业化、规范化等优势，能够以较低的成本发掘、解读公司内部信息，显著改善公司信息环境（姜付秀等，2016）。沪港通机制所带来的信息环境改善，显著提高了公司信息透明度，减少了外部资金提供者道德风险和逆向选择带来的损失，一定程度上缓解了融资约束。

第二，资本市场开放能够缓解标的公司代理冲突（Mitton，2006）。由于众多海外机构投资者的介入，资本市场开放相当于为那些标的公司新增了一个外部治理机制。事实上，增加机构投资者持股比例是缓解代理冲突的重要手段之一（李争光等，2015）。同时，新兴市场与发达市场互联互通，有利于完善两地监管机构跨境合作机制，加大监管执法力度。特别是那些允许外国投资者购买的标的公司，必将成为各项金融基础设施改革的排头兵，亦成为监管部门重点监管的对象。外部监管压力的增强，有助于约束公司管理层的不良行为，降低盈余操纵的可能性。因此，沪港通机制所带来的代理冲突降低，减少了资金提供方要求的风险溢价，一定程度上纾困了融资约束。

第三，基于信号传递理论，沪港通的实施为那些真正需要资金的公司提供了自律的动力，完善内部管理制度、提升经营业绩成为公司亟须面对的问题。因为其必须让国际投资者清楚，它们的投资存在足够的保护措施。换言之，在公司治理水平整体不佳的市场环境中，任何优于市场平均表现的行为都相当于向外界发出了明确的信号，从而会吸引更多的外国投资，纾解公司融资约束。

基于以上分析，本章提出第一个假设——

假设 4-1：相较于控制组公司，沪港通政策实施以后，处理组公司融资约束显著降低。

三、沪港通、信息环境与融资约束

沪港通机制缓解标的公司融资约束，可能的影响机理在于公司信息透明度的提高。沪港通政策启动后，国际投资者对资产配置的需要增加了，这增加了市场对分析师服务的需求，同时，由于相关标的公司信息披露更充分，降低了分析师服务的供给成本，增加了分析师服务供给数量。基于分析师服务需求与供给数量的同时增加，分析师服务均衡曲线整体向右移动，即分析师跟踪数量增加。作为市场最重要的信息中介力量，分析师团队跟踪数量很好地衡量了上市公司信息环境（Lang 等，2003；张纯等，2009；王艳艳等，2014）。鉴于融资约束问题源于公司信息不对称（Fazzari 等，1988），沪港通之所以能够缓解标的公司融资约束，有可能是通过增加分析师跟踪数量，改善信息环境这一路径实现的。

由于不同公司的信息透明度不同，沪港通机制缓解融资约束的力度也不一样。对于分析师跟踪数量多的公司，沪港通机制启动之前信息透明度可能就较高，在这样的公司引入沪港通机制，其边际作用较小。相反，在那些分析师跟踪数量少的公司，信息透明度较低，沪港通机制启动后，对信息环境改善的边际贡献可能较大。

基于以上分析，本章提出第二个假设——

假设 4-2：相较于分析师跟踪数量多的公司，沪港通机制对融资约束的纾解作用在分析师跟踪数量少的公司中更显著，即改善信息环境是沪港通机制纾解融资约束的重要渠道。

第三节　研究设计

一、样本选择与数据来源

基于双重差分模型的思想，本章以政策实施前后6年（2011—2016年）为检验区间。同时，以纳入沪港通标的名单的公司作为处理组，以沪深两市未进入该名单的公司作为控制组①。本章对样本公司按照以下程序进行筛选：①剔除样本期间被移出名单的公司；②剔除金融类上市公司；③剔除ST公司及财务数据缺失的公司。经过以上处理，最终得到11118个公司-年度观测值。为消除极端值的影响，对所有连续变量在1%和99%分位点进行了Winsorize处理。为消除可能的自相关问题，本章对所有回归在公司层面进行了聚类处理。本章所有财务数据均来自国泰安数据库（CSMAR）和万得数据库（Wind）。

二、变量定义及说明

（一）被解释变量——融资约束

关于融资约束的度量，学术界提出了众多方法。其中最主要的衡量指标包括投资-现金流敏感性、现金-现金流敏感性、KZ指数等。

Fazzari等（1988）认为，公司内外部融资成本差异会导致其投资支出更多地依赖内部现金流量，因此，他们提出以投资-现金流敏感性度量融资约束程度。然而，该指标的缺陷在于融资约束程度与投资-现

① 中国证监会于2016年12月又开通了深港通，沪港通与深港通两项政策具有很大的相似性，为避免深港通的开通影响自然实验平台，本章在选择深市股票作为控制组时，剔除了800余只深股通标的股。

金流敏感性并非单纯的线性关系（Chang 等，2007）。同样，Kaplan 和 Zingales（1997）构建的 KZ 指数也备受质疑，Hadlock 和 Pierce（2010）认为其自带内生性，还不如公司年龄、公司规模这些单指标更有效。Almeida 等（2004）发现，融资约束较强的公司倾向从经营现金流中提取更多现金以应对未来投资需求，导致现金-现金流敏感性更强，因而其提出运用现金-现金流敏感性来衡量融资约束。该指标能够较好地契合融资约束概念，得到了国内外学者的广泛认可（连玉君等，2008；Hadlock 和 Pierce，2010；于蔚等，2012）。因此，本章主回归中采用现金-现金流敏感性指标来测度公司融资约束程度，并以投资-现金流敏感性模型及 KZ 指数进行稳健性分析。

（二）解释变量——沪港通变量

Treat 为沪港通公司虚拟变量，若公司在样本期间被纳入沪港通名单，则 *Treat* 取值为 1，否则取值为 0；*Post* 为沪港通时间虚拟变量，从 2014 年算起，若属于公司进入沪港通名单之后的年度，则 *Post* 取值为 1，否则取值为 0。

（三）控制变量

参照 Almeida 等（2004）的研究，结合我国资本市场现实情境，本章选取了以下控制变量：公司规模（*Size*）、现金流量（*CF*）、投资机会（*Tobin*）、资本支出（*Expend*）、短期负债变动（ΔSTD）、净营运资本变动（ΔNWC）、产权性质（*Stata*）。此外，本章还控制了行业（*Ind*）与年度（*Year*）固定效应。主要变量的定义如表 4-1 所示。

表 4-1　融资约束主要变量定义

变量名称	变量定义
现金持有量变动（$\Delta Cash$）	当年公司现金及现金等价物变动额除以期末总资产
沪港通公司变量（*Treat*）	若公司在样本期间被纳入沪港通名单，则 *Treat* = 1，否则 *Treat* = 0

续表

变量名称	变量定义
沪港通时间变量（*Post*）	若属于公司进入沪港通名单之后的年度，则 *Post*＝1，否则 *Post*＝0
公司规模（*Size*）	上市公司总资产的自然对数
现金流量（*CF*）	公司经营活动现金流量÷期末总资产
投资机会（*Tobin*）	（股权市值+债务市值）÷期末总资产
资本支出（*Expend*）	购建固定资产、无形资产和其他长期资产支付的现金÷总资产
短期负债变动（Δ*STD*）	流动负债变化值÷总负债
净营运资本变动（Δ*NWC*）	（流动资产-流动负债-货币资金的变动值）÷总资产
产权性质（*Stata*）	虚拟变量，若企业为国有，则 *Stata*＝1，否则 *Stata*＝0
分析师跟踪数量（*Coverage*）	参与盈余预测的券商团队数量加 1 后取对数
行业（*Ind*）	行业虚拟变量
年度（*Year*）	年度虚拟变量

三、研究模型设计

借鉴 Almeida 等（2004）的研究设计，本章以现金-现金流敏感性模型衡量公司融资约束。该模型的基本原理是：公司的融资约束程度影响现金持有水平，如果一家公司面临的融资约束较严重，则会提取更多的现金以备将来投资所需，此时，表现为公司的现金流敏感性较高。简言之，公司融资约束越严重，现金-现金流敏感性越高。在现金-现金流敏感性模型基础之上，结合双重差分思想，本章加入了一系列交乘项，构建如下回归模型，来检验沪港通机制启动对公司融资约束程度的影响。

$$\Delta Cash_{i,t}=\alpha+\beta_1 Post_{i,t}\times Treat_i\times CF_{i,t}+\beta_2 Treat_i\times CF_{i,t}+\beta_3 Post_{i,t}\times Treat_i+\beta_4 CF_{i,t}+\beta_5 Treat_i+\beta_6 Control_{i,t}+\sum Year+\sum Ind+\varepsilon_{i,t} \tag{4-1}$$

其中，交互项 $Post_{i,t}\times Treat_i\times CF_{i,t}$ 的系数 β_1 刻画了沪港通标的公司在事

件前后融资约束程度的变化与非沪港通标的公司变化的差异，即政策的净效应，是本章重点关注的对象。本章预期系数 β_1 显著为负，即沪港通机制降低了标的公司融资约束程度。

第四节　实证结果与分析

一、描述性分析

（一）描述性统计

表 4-2 列示了主要变量的描述性统计。从融资约束变量来看，$\Delta Cash$ 的均值为 0.025，标准差为 0.183，表明样本期间公司当期现金持有水平的变动额约占资产总额的 2.5%，与现有文献结论基本保持一致；从沪港通变量来看，*Treat* 的均值为 0.283，表明在本章的样本中，仅有 28.3%的公司最终成为沪港通标的公司，沪港通业务规模还比较小；从控制变量来看，*CF* 的均值为 0.043，说明经营活动现金流量约占总资产的 4.3%；*Tobin* 均值为 2.011，中位数为 1.468，且均值大于中位数，表明样本呈现右偏分布。

表 4-2　融资约束主要变量描述性统计

变量	样本量	均值	标准差	最小值	最大值	25 分位	中位数	75 分位
$\Delta Cash$	11118	0.025	0.183	−0.253	0.301	−0.132	0.015	0.038
Treat	11118	0.283	0.461	0	1	0	0	1
Size	11118	22.25	1.280	19.55	26.06	21.36	22.08	22.98
CF	11118	0.043	0.073	−0.184	0.249	0.003	0.043	0.086
Tobin	11118	2.011	1.877	0.191	11.17	0.811	1.468	2.479
Stata	11118	0.468	0.499	0	1	0	0	1
Expend	11118	0.051	0.049	0	0.235	0.0150	0.037	0.073

续表

变量	样本量	均值	标准差	最小值	最大值	25 分位	中位数	75 分位
ΔSTD	11118	0.039	0.107	-0.330	0.368	-0.0150	0.033	0.093
ΔNWC	11118	0.018	0.115	-0.269	0.441	-0.0440	0.009	0.063

（二）分组差异分析

表 4-3 列示了处理组与控制组公司的 T/Z 检验结果。从中可以看出，处理组和控制组的经营活动现金流量 *CF* 均值分别为 0.052 和 0.040，中位数分别为 0.051 和 0.039，且差异均在 1%的水平上显著，说明纳入沪港通标的名单的公司经营活动现金流量普遍高于未纳入沪港通标的名单的公司。控制变量中，处理组的公司规模（*Size*）、成长性（*Tobin*）显著高于控制组，说明中国证监会选择的沪港通标的公司具有规模大、成长性好的特点。此外，控制变量至少在 10%的水平上显著，表明在下文的回归分析中有必要对这些变量进行控制。

表 4-3　变量的 T/Z 检验

变量	控制组（*Treat*=0）			处理组（*Treat*=1）			差异检验	
	均值	中位数	标准差	均值	中位数	标准差	T 检验	Z 检验
ΔCash	0.022	0.021	0.089	0.028	0.027	0.069	-4.95***	-7.06***
Size	21.90	21.78	1.110	23.02	22.88	1.295	-46.80***	-42.45***
CF	0.040	0.039	0.074	0.052	0.051	0.07	-8.07***	-8.73***
Tobin	1.499	1.115	1.395	2.238	1.643	2.014	-19.49***	-22.48***
Stata	0.391	0	0.488	0.642	1	0.480	-25.14***	-24.45***
Expend	0.053	0.037	0.051	0.049	0.036	0.044	3.91***	1.70*
ΔSTD	0.037	0.031	0.111	0.042	0.036	0.098	-2.20**	-2.30**
ΔNWC	0.017	0.006	0.121	0.021	0.014	0.099	-1.70*	-4.32***

注：***、**、* 分别表示在 1%、5%、10%的水平上显著。

二、多元回归分析

（一）沪港通机制与融资约束

表4-4列示了沪港通与融资约束的回归结果。其中，模型（1）是未加入沪港通相关变量现金-现金流敏感性测度初始模型，模型（2）加入了沪港通相关变量及其与现金流量 *CF* 的交乘项，并结合中国资本市场情境，控制了产权性质，模型（3）是考虑了资本支出（*Expend*）、短期负债变动（ΔSTD）、净营运资本变动（ΔNWC）等因素以后的扩展模型。

从第（1）列可以看出，经营现金流量 *CF* 的回归系数为0.242，在1%的水平上显著，说明我国上市公司普遍受到融资约束影响，表现出较强的现金流敏感性；从第（2）列可以看出，交乘项 $Treat_i \times Post_{i,t} \times CF_{i,t}$ 的回归系数为-0.152，在1%的水平上显著，说明沪港通机制显著降低了公司的现金-现金流敏感性；从第（3）列可以看出，交乘项 $Treat_i \times Post_{i,t} \times CF_{i,t}$ 的回归系数为-0.062，在5%的水平上显著，由此证明了假设4-1，沪港通机制纾解了标的公司融资约束。事实上，作为我国股票市场开放的创新形式，沪港通机制启动后，一方面吸引了更多分析师、媒体等中介机构跟踪关注，改善了公司信息环境；另一方面引入了更多国际投资者，提升了公司治理水平，减少了代理冲突。基于以上理论与实证分析，沪港通机制纾解了标的公司融资约束。

表4-4　沪港通机制与融资约束

	(1) $\Delta Cash$	(2) $\Delta Cash$	(3) $\Delta Cash$
CF	0.242*** (21.96)	0.245*** (19.22)	0.301*** (29.91)
Size	0.006*** (7.73)	0.006*** (6.85)	0.001* (1.86)

续表

	(1) $\Delta Cash$	(2) $\Delta Cash$	(3) $\Delta Cash$
$Tobin$	0.002*** (3.58)	0.002*** (3.46)	0.003*** (4.09)
$Treat_i \times Post_{i,t} \times CF_{i,t}$	—	-0.152*** (-3.83)	-0.062** (-1.99)
$Treat_i \times CF_{i,t}$	—	0.069** (2.27)	0.055** (2.33)
$Treat_i \times Post_{i,t}$	—	-0.005 (-1.26)	-0.003 (-0.86)
$Treat$	—	0.002 (0.74)	-0.001 (-0.38)
$Stata$	—	0.005*** (2.63)	0.007*** (5.42)
$Expend$	—	—	-0.129*** (-9.43)
ΔSTD	—	—	0.264*** (43.21)
ΔNWC	—	—	0.449*** (78.93)
$Constant$	-0.151*** (-8.01)	-0.148*** (-7.50)	0.001 (0.09)
$Year/Ind$	Yes	Yes	Yes
N	11118	11118	11118
$Adj\text{-}R^2$	0.077	0.080	0.437

注：***、**、*分别表示在1%、5%、10%的水平上显著，括号内数值为 t 值。

（二）沪港通、信息环境与融资约束

为了检验假设4-2，本章以分析师跟踪数量（*Coverage*）来衡量公司信息环境，按照分析师跟踪数量行业、年度中位数，将样本分为信息环境好和信息环境差两组，并运用现金-现金流量敏感性初始模型及扩展模型分别进行回归，结果如表4-5所示。从表中可以看出，在信息环境差组，交乘项 $Treat_i \times Post_{i,t} \times CF_{i,t}$ 的回归系数分别为-0.265、-0.104，分别在1%和5%的水平上显著；在信息环境好组，交乘项的回归系数分别为-0.025、-0.005，统计上均不显著。这就证明了假设4-2，相对于分析师跟踪数量多的公司，沪港通机制对融资约束的纾解作用在分析师跟踪数量少的公司中更显著，即改善信息环境是沪港通机制纾解融资约束的重要途径。

表 4-5　沪港通、信息环境与融资约束

	信息环境差组		信息环境好组	
	(1)	(2)	(3)	(4)
$Treat_i \times Post_{i,t} \times CF_{i,t}$	-0.265*** (-5.03)	-0.104** (-2.39)	-0.025 (-0.41)	-0.005 (-0.11)
$Treat_i \times CF_{i,t}$	0.158*** (3.81)	0.050 (1.61)	-0.009 (-0.20)	0.031 (0.82)
$Treat_i \times Post_{i,t}$	0.002 (0.02)	-0.001 (-0.34)	-0.011* (-1.91)	-0.005 (-1.07)
Treat	-0.001 (-0.25)	0.002 (0.77)	0.006 (1.50)	-0.002 (-0.62)
CF	0.209*** (10.38)	0.321*** (21.05)	0.271*** (15.93)	0.317*** (23.07)
Size	0.006*** (5.06)	0.000 (0.52)	0.008*** (5.39)	0.001 (0.85)
Tobin	0.003*** (3.44)	-0.005*** (-6.32)	0.002*** (3.03)	0.000 (0.19)
Stata	0.003 (1.17)	0.005*** (2.58)	0.006*** (2.63)	0.006*** (3.41)
Expend	—	-0.060*** (-3.22)	—	-0.165*** (-8.00)
ΔSTD	—	0.290*** (30.57)	—	0.257*** (31.68)
ΔNWC	—	0.511*** (61.77)	—	0.412*** (52.04)
Constant	—	-0.038* (-1.72)	—	-0.053* (-1.95)
Year/Ind		Yes		Yes
N	5178	5178	5940	5940
$Adj\text{-}R^2$	0.092	0.496	0.083	0.405

注：***、**、*分别表示在1%、5%、10%的水平上显著，括号内数值为 *t* 值。

三、内生性问题

（一）倾向得分匹配

由于入选沪港通名单的股票与其他股票在特征上存在一定的差异，这些差异可能造成处理组在事件前融资约束程度就比控制组低，从而影响结论的有效性。为此，本章采用倾向得分匹配（PSM）方法从沪深主板上市公司中构造一组与事前沪港通标的股基本特征、股价崩盘风险最为接近的样本作为控制组。匹配变量包括总资产（*Size*）、净资产收益率（*Roe*）、成长性（*Tobin*）、流通市值（*MV*）、市场风险（*Risk*），并控制行业、年份。根据最近邻匹配原则，按照 1∶1 无放回倾向得分匹配。经上述处理后，最终得到 6776 个（3388 组）公司-年度观测值。在进行下一步估计之前，检验匹配样本的平衡性，结果如表 4-6 所示。从中可以看出，经过配对以后，处理组与控制组匹配变量的均值差异已不显著，这一结论表明配对后沪港通标的公司与非沪港通标的公司的基本特征、市场价值已经没有显著差异。

表 4-6　融资约束倾向得分匹配平衡性检验

	Treat	*Control*	*t-value*	*p-value*
Size	22.31	22.08	1.43	0.216
Roe	0.076	0.082	-1.25	0.149
Tobin	1.638	1.597	1.36	0.397
MV	14.85	14.60	0.96	0.823
Risk	1.12	1.13	-0.75	0.341

（二）配对后的双重差分估计

按照双重差分思想对配对样本重新进行估计，再次识别沪港通机制对公司融资约束的因果关系，回归结果如表 4-7 所示。从中可以看出，在控制了样本选择性偏误以后，交乘项 $Treat_i \times Post_{i,t} \times CF_{i,t}$ 回归系数为 -0.157和-0.066，分别在1%和5%水平上显著。可见，双重差分模型较好地控制了沪港通与公司融资约束的因果关系，弱化了本章的内生性问题。

表 4-7 配对后的双重差分估计

	(1) $\Delta Cash$	(2) $\Delta Cash$
$Treat_i \times Post_{i,t} \times CF_{i,t}$	-0.157*** (-3.84)	-0.066** (-2.01)
$Treat_i \times CF_{i,t}$	0.009 (0.27)	0.040 (1.46)
$Treat_i \times Post_{i,t}$	-0.003 (-0.67)	-0.006* (-1.66)
Treat	0.014*** (3.58)	-0.004 (-1.26)
CF	0.297*** (14.90)	0.322*** (20.17)
Size	0.003** (2.45)	0.000 (0.34)
Tobin	0.002*** (3.41)	-0.001** (-2.50)
Stata	0.007*** (2.92)	0.007*** (3.61)
Expend	—	-0.171*** (-9.24)
ΔSTD	—	0.266*** (31.88)
ΔNWC	—	0.447*** (57.88)
Constant	-0.096*** (-3.45)	-0.027 (-1.22)
Year/Ind	Yes	Yes
N	6776	6776
$Adj\text{-}R^2$	0.088	0.421

注：***、**、*分别表示在1%、5%、10%的水平上显著，括号内数值为 t 值。

四、稳健性测试

（一）运用投资-现金流敏感性模型测度融资约束

为避免融资约束单一度量方法对回归结果的影响，本章运用投资-现金流敏感性模型替换现金-现金流敏感性模型。借鉴 Chen 等（2011）、姜付秀等（2016）的研究设计，构建实证模型为

$$Inv_{i,t}=\alpha+\beta_1 Post_{i,t}\times Treat_i\times CF_{i,t}+\beta_2 Treat_i\times CF_{i,t}+\beta_3 Post_{i,t}\times Treat_i+\beta_4 CF_{i,t}+\beta_5 Treat_i+\beta_6 Control_{i,t}+\sum Year+\sum Ind+\varepsilon_{i,t} \quad (4-2)$$

其中，*Inv* 为投资变量，以资本支出衡量，并由总资产进行标准化处理①。*Control* 为一系列控制变量，主要包括公司规模（*Size*）、资产负债率（*Lev*）、销售收入增长率（*Growth*）、净资产收益率（*Roe*）、上市年限（*Age*）。本章重点关注系数 β_1 符号，回归结果如表 4-8 第（1）列所示。从表中可以看出，交乘项 $Treat_i\times Post_{i,t}\times CF_{i,t}$ 系数为-0.046，在5%的水平上显著，再次验证了沪港通机制具有纾解标的公司融资约束的作用。

表 4-8　稳健性测试——替换核心变量

	(1) *Inv*	(2) *KZ*
$Treat_i\times Post_{i,t}\times CF_{i,t}$	-0.046** (-2.17)	—
$Treat_i\times CF_{i,t}$	0.098*** (6.59)	—
Treat	0.001 (-0.35)	0.046** (2.19)

① 投资变量（*Inv*）具体计算方法为购建固定资产、无形资产和其他长期资产所支付的现金除以总资产。

续表

	(1) *Inv*	(2) *KZ*
$Treat_i \times Post_{i,t}$	-0.009*** (-5.32)	-0.205*** (-7.55)
CF	0.081*** (11.30)	—
Size	0.001** (2.49)	-0.029*** (-4.90)
Age	-0.002*** (-26.70)	0.026*** (23.49)
Roe	0.001 (1.16)	-0.039*** (-4.47)
Growth	0.007*** (5.24)	0.094*** (4.56)
Lev	-0.003 (-1.15)	—
Risk	—	-0.304*** (-9.99)
PPE	—	0.226*** (4.80)
Constant	0.049*** (5.65)	2.329*** (16.26)
Year/Ind	Yes	Yes
N	11118	11118
$Adj\text{-}R^2$	0.105	0.167

注：***、**、*分别表示在1%、5%、10%的水平上显著，括号内数值为 t 值。

（二）运用 KZ 指数测度融资约束

为进一步识别沪港通机制与融资约束的因果关系，本章采用 KZ 指数作为融资约束的代理变量。参照 Kaplan 和 Zingales（1997）、魏志华等（2014）的方法，选取现金持有水平、经营净现金流量、资产负债率、股利发放水平、托宾 Q 值五个方面的财务指标，构造了 KZ 指数①。该指数数值越大，说明公司融资约束程度越高。KZ 指数计算涉及的回归结果如表 4-9 所示。

表 4-9　KZ 指数估计模型的回归结果

变量	*Cash/A*	*CF/A*	*D/A*	*Tobin*	*Lev*	*N*	Pseudo R^2
KZ	-3.626*** (-21.49)	-8.275*** (-32.67)	-30.436*** (-22.78)	0.331*** (24.49)	3.554*** (30.82)	11118	0.216

根据表 4-9，得出 KZ 指数计算公式为

$$\text{KZ 指数} = -3.626Cash/A - 8.275CF/A - 30.436D/A + 0.331Tobin + 3.554Lev \tag{4-3}$$

借鉴魏志华等（2014）的研究设计，本章选取一系列控制变量，构建的双重差分模型为

$$KZ_{i,t} = \alpha + \beta_1 Treat_i + \beta_2 Post_{i,t} \times Treat_i + \beta_3 Size_{i,t} + \beta_4 Age_{i,t} + \beta_5 Roe_{i,t} + \beta_6 Growth_{i,t} + \beta_7 PPE_{i,t} + \beta_8 Risk_{i,t} + \sum Year + \sum Ind + \varepsilon_{i,t} \tag{4-4}$$

其中，*PPE* 为有形资产占比，其他控制变量定义如表 4-1 所示。本章重点关注交乘项系数 β_2 的符号。表 4-8 第（2）列呈现了 KZ 指数测度融资约束的检验结果。从表中可以看出，$Treat_i \times Post_{i,t}$ 系数为 -0.205，在 1%的水平上显著，再次验证了本章结论的可靠性。

① KZ 指数具体计算步骤如下：（1）分别计算现金及现金等价物/上年末总资产（*Cash/A*）、经营现金净流量/上年末总资产（*CF/A*）、现金股利/上年末总资产（*D/A*）、托宾 Q 值（*Tobin*）、资产负债率（*Lev*）五个分项指标。（2）将五个分项指标按年度中位数划分，当 *Cash/A* 小于中位数，则令 $kz_1=1$，否则取值为 0；当 *CF/A* 小于中位数，则令 $kz_2=1$，否则取值为 0；当 *D/A* 小于中位数，则令 $kz_3=1$，否则取值为 0；当 *Tobin* 大于中位数，则令 $kz_4=1$，否则取值为 0；当 *Lev* 大于中位数，则令 $kz_5=1$，否则取值为 0。（3）五个分项指标相加，令 $kz=kz_1+kz_2+kz_3+kz_4+kz_5$。（4）以 *kz* 为被解释变量，以 *Cash/A*、*CF/A*、*D/A*、*Tobin*、*Lev* 为解释变量，采用 Ordered Logit 模型进行回归，得到各变量的回归系数。（5）将各变量值与变量回归系数相乘，再加总，可计算出上市公司各年的 KZ 指数。

（三）剔除政策实施前境外投资者持股样本

沪港通机制启动给我国资本市场带来诸多积极影响，其中最直接的影响便是引入了大量来自发达国家的境外机构投资者。然而，在这项政策实施之前，很多上市公司就已存在国际机构投资者持股，包括A+H上市公司以及合格境外机构投资者持股的公司。为排除原有境外投资者持股的影响，借鉴钟凯等（2018）的研究，剔除A+H上市和QFII持股样本，重新进行估计，回归结果见表4-10第（1）、（2）列。从中可以看出，交乘项系数 $Treat_i \times Post_{i,t} \times CF_{i,t}$ 分别为-0.160、-0.069，分别在1%、5%的水平上显著，克服了控制组样本选择性偏差。

表4-10 稳健性测试——更换控制组以及实验窗口重新设定

	(1) ΔCash	(2) ΔCash	(3) ΔCash	(4) ΔCash
$Treat_i \times Post_{i,t} \times CF_{i,t}$	-0.160*** (-4.74)	-0.069** (-2.49)	0.067 (0.43)	0.098 (1.52)
$Treat_i \times CF_{i,t}$	0.067* (1.66)	0.031 (0.94)	0.244** (2.07)	0.038 (0.61)
$Treat_i \times Post_{i,t}$	0.012** (2.16)	0.009** (2.01)	0.056*** (5.25)	-0.003 (-0.01)
Treat	-0.007* (-1.73)	-0.014*** (-4.36)	-0.067*** (-7.72)	-0.005 (-1.09)
CF	0.243*** (7.38)	0.323*** (12.01)	0.065 (0.81)	0.248*** (4.13)
Size	0.003*** (2.61)	-0.001 (-0.56)	0.001 (0.95)	-0.001 (-0.77)
Tobin	0.003*** (3.25)	-0.002*** (-2.60)	-0.000** (-2.29)	0.001*** (8.22)
Stata	0.000 (0.18)	0.002 (1.03)	-0.020*** (-9.04)	0.009*** (5.55)
Expend	—	-0.122*** (-5.48)	—	-0.189*** (-12.15)

续表

	(1) $\Delta Cash$	(2) $\Delta Cash$	(3) $\Delta Cash$	(4) $\Delta Cash$
ΔSTD	—	0.249*** (27.09)	—	0.322*** (16.01)
ΔNWC	—	0.396*** (43.79)	—	0.381*** (15.30)
Constant	-0.074*** (-2.81)	0.004 (0.17)	0.043 (1.43)	0.015 (0.73)
Year/Ind	Yes	Yes	Yes	Yes
N	8338	8338	12357	12357
$Adj\text{-}R^2$	0.082	0.394	0.079	0.412

注：***、**、*分别表示在1%、5%、10%的水平上显著，括号内数值为 t 值。

（四）实验发生时刻的重新选择

如果标的公司分析师预测行为变化确实为沪港通政策实施所致，那么人为改变政策启动时间以后，本章的结论将不再成立。为此，将实施时间向前调整3期（即假定2011年11月实施），使整个样本区间落在了真实实验开始前，再次进行双重差分估计，结果见表4-10第（3）、（4）列。从中可以看出，交乘项系数 $Treat_t \times Post_{i,t} \times CF_{i,t}$ 分别为0.067、0.098，统计意义上均不显著，表明标的公司融资约束的纾解的确是沪港通机制开通所致。

第五节 拓展性研究

一、沪港通机制缓解融资约束的其他机理分析：减少代理冲突

前述研究已经表明改善上市公司信息环境、降低信息不对称程度是沪港通机制作用于融资约束的重要途径，本节将聚焦考察代理成本的影

响。资本市场开放能够吸引更多来自发达地区的国际投资者，这些投资者注重价值投资，积极参与公司治理，有利于提高公司治理水平，缓解代理冲突（Mitton，2006）。而代理冲突是产生融资约束的根源之一（Fazzari 等，1988），因此沪港通机制对标的公司融资约束的积极作用有可能通过减少代理冲突实现，但在代理成本低的组，沪港通对融资约束的影响可能并不明显。因而本节预期，沪港通与融资约束的负向关系可能在代理成本高的组更显著。

参考现有文献，本节以管理费用率（管理费用÷营业收入）衡量公司代理成本（*AC*），并按照其年度、行业中位数分为高、低两组，运用模型（4-1）分别进行回归，结果如表 4-11 所示。从中可以看出，在代理成本高的组，交乘项 $Treat_i \times Post_{i,t} \times CF_{i,t}$ 的回归系数分别为-0. 207、-0. 118，分别在 1%、5%的水平上显著；在代理成本低的组，交乘项的回归系数分别为-0. 08、-0. 049，统计上并不显著。这表明沪港通机制主要在代理成本高的公司中发挥了作用，基本符合预期。

表 4-11　沪港通、代理成本与融资约束

	代理成本高组		代理成本低组	
	(1)	(2)	(3)	(4)
$Treat_i \times Post_{i,t} \times CF_{i,t}$	-0. 207*** (-3. 10)	-0. 118** (-2. 45)	-0. 080 (-1. 53)	-0. 049 (-1. 31)
$Treat_i \times CF_{i,t}$	0. 083* (1. 70)	0. 061 (1. 60)	0. 069* (1. 82)	0. 038 (1. 27)
$Treat_i \times Post_{i,t}$	-0. 004 (-0. 70)	-0. 002 (-0. 40)	-0. 005 (-1. 02)	-0. 003 (-0. 79)
Treat	0. 000 (0. 10)	-0. 002 (-0. 59)	0. 002 (-0. 66)	0. 001 (0. 35)
CF	0. 271*** (14. 02)	0. 291*** (19. 26)	0. 220*** (12. 93)	0. 323*** (23. 94)
Size	0. 008*** (5. 74)	-0. 001 (-1. 14)	0. 004*** (3. 96)	-0. 001 (-1. 00)

续表

	代理成本高组		代理成本低组	
	(1)	(2)	(3)	(4)
Tobin	0.003*** (4.18)	-0.000 (-0.81)	0.000 (0.54)	-0.005*** (-7.67)
Stata	0.005** (2.10)	0.009*** (4.19)	0.004* (1.68)	0.006*** (3.19)
Expend	—	-0.146*** (-7.23)	—	-0.114*** (-6.09)
ΔSTD	—	0.296*** (30.97)	—	0.244*** (31.15)
ΔNWC	—	0.466*** (56.92)	—	0.440*** (55.40)
Constant	-0.209*** (-6.40)	-0.004 (-0.15)	-0.106*** (-4.11)	0.001 (0.06)
Year/Ind	Yes	Yes	Yes	Yes
N	5552	5552	5566	5566
$Adj\text{-}R^2$	0.087	0.448	0.078	0.438

注：***、**、*分别表示在1%、5%、10%的水平上显著，括号内数值为 *t* 值。

二、沪港通机制缓解融资约束的路径分析

（一）沪港通机制对融资额度的影响

“融资难、融资贵”是制约发展中国家企业发展的重要难题，如何破解融资约束问题一直是理论界和实务界关注的焦点。前文已经证实沪港通政策有利于缓解企业融资约束，那么，沪港通机制启动是否能够真正帮助标的公司在资本市场筹集更多发展所需要的资金，从而破解“融资难”的问题？本部分将重点考察沪港通机制对公司融资额度的影响。

借鉴程新生（2012）等的研究，本节以吸收权益性投资所收到的现金除以期初总资产衡量权益融资（$\Delta Equity$），以借款所收到的现金加

上发行债券所收到的现金再除以期初总资产衡量债务融资（$\Delta Debt$），并建立如下双重差分模型：

$$Total/\Delta Equity/\Delta Debt_{i,t}=\alpha+\beta_1 Treat_i+\beta_2 Post_{i,t}\times Treat_i+\beta_3 Size_{i,t}+\beta_4 Lev_{i,t}+\beta_5 Roa_{i,t}+\beta_6 Age_{i,t}+\beta_7 Growth_{i,t}+\beta_8 BM_{i,t}+\beta_9 PPE_{i,t}+\sum Yea+\sum Ind+\varepsilon_{i,t} \quad (4-5)$$

表 4-12 列示了沪港通机制对融资额度影响的回归结果。第（1）、（2）、（3）列分别表示经总资产标准后的融资总额、权益融资、债务融资。从表中可以看出，第（1）、（2）列交乘项系数均在 5%的水平上显著，第（3）列交乘项系数不显著，说明沪港通政策启动整体提升了标的公司的融资额度，有利于企业在资本市场筹集更多权益资金，但是沪港通机制对债务融资额度的影响并不显著。

表 4-12　沪港通机制与企业融资额度

	(1) *Total*	(2) *ΔEquity*	(3) *ΔDebt*
Treat	0.074 (0.49)	0.042** (2.30)	0.241* (1.93)
$Treat_i \times Post_{i,t}$	0.291** (2.16)	0.090** (2.00)	0.158 (1.28)
Size	0.159*** (3.11)	0.044** (2.51)	0.109** (2.53)
Lev	-0.336 (-1.38)	-0.524*** (-3.30)	0.213* (1.72)
Roa	-4.201*** (-3.90)	-1.322*** (-3.72)	-2.609*** (-3.02)
Age	0.030** (2.40)	0.011* (1.93)	0.017** (2.02)
Growth	3.150*** (4.48)	0.690** (2.53)	2.301*** (4.45)
Bm	-0.328 (-1.48)	-0.139* (-1.72)	-0.208 (-1.12)

续表

	(1) *Total*	(2) *ΔEquity*	(3) *ΔDebt*
PPE	-0.694*** (-2.62)	-0.331*** (-3.26)	-0.353* (-1.73)
Constant	-3.340*** (-3.17)	-0.679** (-2.36)	-2.511*** (-2.76)
Year/Ind	Yes	Yes	Yes
N	10330	10330	11115
Adj-R²	0.049	0.020	0.048

注：***、**、*分别表示在1%、5%、10%的水平上显著，括号内数值为 *t* 值。

（二）沪港通机制对融资成本的影响

在有摩擦的资本市场中，除了外源性融资额度受到限制，内外部融资成本的差异亦是导致内外部资金不能完美替代的重要原因。当外部融资成本太高时，原本能够获利的项目可能会变得无利可图，公司利润空间受到极大压缩，势必让本来就艰难的传统行业雪上加霜。那么，沪港通机制能否降低标的公司资本成本？这是本部分重点考察的问题。

本部分以 Easton 模型（2004）计算公司权益资本成本（*Equitycost*）①，以利息支出与负债总额之比衡量债务资本成本（*Debtcost*），以权益资本成本乘以权益资金占融资总额的比重加上债务资本成本乘以负债资金占融资总额的比重作为加权平均资本成本（*Comprehensive*）。运用模型（4-5）进行回归，结果如表 4-13 第（1）、（2）、（3）列所示。从表中可以看出，第（1）列中交乘项系数为-0.002，在 1%的水平上显著，说明沪港通机制开通显著降低了标的公司加权平均资本成本，有效纾解了企业“融资难”的问题；第（2）列中交乘项系数为-0.004，在 1%的水平上显著，说明沪港通机制很好地降低了标的公司权益资本成本；

① Easton（2004）在长期增长率为零、短期每股收益增长为正的假设前提下，推导出权益资本成本的计算公式：$Equitycost=\sqrt{[(t+2)\text{期预测每股收益}-(t+1)\text{期预测每股收益}]\div t\text{期每股股价}}$

第（3）列中交乘项系数为-0.241，仅在10%的水平上显著，说明沪港通机制对融资成本的治理效应主要体现在权益资本成本方面。

表 4-13　沪港通与企业融资成本、融资额度

	(1) *Comprehensive*	(2) *Equitycost*	(3) *Debtcost*	(4) *Debtcost*
Treat	-0.001 (-0.39)	0.063 (0.54)	0.158 (1.28)	0.039 (0.68)
$Treat_i \times Post_{i,t}$	-0.002*** (-3.67)	-0.004*** (-3.66)	-0.241* (-1.93)	0.002** (2.41)
Size	-0.002*** (-5.19)	-0.001** (-2.39)	0.109** (2.53)	0.056** (2.17)
Lev	0.007*** (3.71)	0.007*** (3.73)	0.213* (1.72)	-0.821*** (-3.56)
Roa	-0.042*** (-6.30)	-0.046*** (-4.42)	-2.609*** (-3.02)	-1.511* (-1.90)
Age	-0.000*** (-3.87)	-0.001*** (-4.00)	0.017** (2.02)	0.005 (0.95)
Growth	-0.007*** (-6.99)	-0.006*** (-3.57)	2.301*** (4.45)	0.308* (1.73)
Bm	0.028*** (17.93)	0.019*** (6.27)	-0.208 (-1.12)	-0.019 (-0.15)
PPE	0.001 (0.14)	0.002 (1.00)	-0.353* (-1.73)	0.112 (0.66)
Constant	0.043*** (6.66)	0.027*** (4.17)	-2.511*** (-2.76)	-0.869* (-1.78)
Year/Ind	Yes	Yes	Yes	Yes
N	10789	10199	11115	10331
$Adj\text{-}R^2$	0.096	0.129	0.048	0.006

注：***、**、*分别表示在1%、5%、10%的水平上显著，括号内数值为 *t* 值。

（三）沪港通机制对融资结构的影响

融资结构性矛盾突出、融资工具比例失衡是我国企业发展过程中出现的又一问题。发展中国家特点决定了我国依然是以银行为主体的债权型融资结构，大部分融资都是通过银行贷款方式完成的，银行系统既承

担了短期流动性融资功能，又发挥了长期资本性融资功能。那么，资本市场开放这一举措能否改善融资结构失衡现状？本部分重点考察了沪港通机制对标的公司融资结构的影响。

以外部股权融资额度与外部融资总额的比值衡量融资结构（*Structure*），运用模型（4-5）进行回归，结果如表4-13第（4）列所示。从中可以看出，交乘项 $Treat_i \times Post_{i,t}$ 系数为0.002，在5%的水平上显著，表明沪港通机制增强了标的公司在股票市场上的融资能力，降低了对负债资金的依赖程度，较好地改善了我国资本市场普遍存在的融资结构失衡状况。

第六节　本章小结

融资约束问题显著增加了企业运行成本，极大地限制了企业成长空间，严重阻碍了国民经济发展。早在2014年8月，国务院发布《关于多措并举着力缓解企业融资成本高问题的指导意见》（国办发〔2014〕39号），明确要求各个部门建立联动机制，着力缓解企业融资约束，促进金融与实体经济良性互动。2016年，《中国企业经营者问卷跟踪调查报告》表明，有超过40%的企业家认为，融资困难是限制企业发展的最主要因素，仅7.6%的企业家认为目前资金宽裕，企业的平均融资成本高达8.33%。《2017年国务院政府工作报告》将“抓好金融体制改革、有效缓解企业融资难、融资贵问题”作为当年重点工作任务之一。可见，在新兴加转轨经济背景下，研究融资约束的成因及影响因素具有较强的理论与实践意义。与此同时，我国股票市场的逐步开放，既是资本市场发展的必然选择，也是深化金融领域供给侧结构性改革的重要举措。在沪港通、深港通、A股纳入MSCI新兴市场指数以及未来还将推行沪伦通、沪台通等一系列政策背景下，资本市场开放的经济后果已成为理论界与实务界研究的热点。因此，基于双重差分模型，探讨沪港通机制对融资约束的影响，既呼应了现实诉求，亦是对融资约束影响因素研究的贡献。

本章基于委托代理理论、信息不对称理论、融资优序理论，以2011—2016年沪深两市上市公司样本为基础数据，运用双重差分模型，研究沪港通机制对标的公司融资约束的影响。首先在委托代理理论与信息不对称理论框架下，系统分析了资本市场开放对融资约束的影响机制；其次以现金-现金流敏感性模型衡量融资约束程度，检验二者的因果关系；最后以分析师跟踪数量衡量的信息环境作为调节变量，检验沪港通与融资约束的关系在不同信息环境中的区别。拓展性分析中，本章探讨了代理成本的作用机制，并进一步深入分析了沪港通对融资总额、融资成本以及融资结构的影响。

本章实证结果表明，在控制其他因素影响后，沪港通政策的实施缓解了标的公司融资约束；相对于分析师跟踪数量多的公司，沪港通机制对融资约束的纾解作用在分析师跟踪数量少的公司中更显著，即改善信息环境是沪港通缓解融资约束的重要渠道。通过 PSM-DID 方法弱化内生性问题以及替换融资约束测度指标、剔除政策实施前境外投资者持股样本、重新设置实验发生时刻等多种稳健性测试，结论依然不变。进一步分析表明，沪港通机制有利于标的公司以较低的成本在资本市场中获得发展所需资金，增加了股权融资额度，同时也改善了公司过度依赖债务资金的融资结构失衡状况，进而提升了融资效率。

本章系统检验了沪港通政策与标的公司融资约束的因果关系及其作用机理，丰富了沪港通政策经济后果研究的文献。但本章的研究仍有一些不足之处：一方面，沪港通政策的实施时间还很短，目前处于初期阶段，沪港通对我国资本市场资源配置效率以及实体经济的影响可能在很多方面还没显现出来，还需要后期进一步检验；另一方面，沪港通政策可能具有一定的溢出效应，这是运用双重差分模型力求解决的问题，亦是此类研究的难点所在。

第五章

资本市场开放、信息环境与股价崩盘风险

引进更多国际机构投资者，维护市场的稳定发展，是资本市场开放的又一功能，在委托代理理论与信息不对称理论框架下，本书从股价崩盘风险视角探讨沪港通机制对股票市场效率的影响。本章以2011—2016年沪深两市上市公司为初始样本，运用双重差分模型，检验沪港通机制对标的证券股价崩盘风险的影响。研究发现，与控制组公司相比，沪港通启动以后，处理组公司股价崩盘风险显著下降，这种效应在分析师跟踪数量少的组更显著。进一步分析表明，沪港通机制还可以通过增强股票流动性、提升公司治理水平等路径来降低股价崩盘风险。研究结论不仅丰富了对股价崩盘风险形成机理的分析范式，同时也为探索股票市场开放对我国资本市场配置效率的影响提供了微观证据。

第一节　问题的提出

近年来，资本市场开放已成为我国金融改革的主要议题。尽管我国相继尝试放开金融和外汇系统，但我国的资本账户仍然相对封闭，境外投资者投资规模占全球跨境投资总规模的比例不到3%，远远低于发达市场和其他发展较快的新兴市场。2014年11月，中国证监会正式启动上海与中国香港股票市场交易互联互通机制试点，这是中国资本市场开放史上具有里程碑意义的事件。尽管沪港通政策的引入时间不长，且实际的北向交易量也很小，但沪港通机制已逐渐影响我国资本市场效率以及企业经济行为，探讨该项机制的经济后果便具有了重要的理论价值与战略意义。

作为一项制度创新，沪港通是我国股票市场对外开放迈出的重要一步。从理论探索来看，与很多新兴市场国家的对外开放不同，我国沪港通业务遵循审慎推进、动态调整、分布扩容原则；从实践效果来看，伴随着相关金融基础设施的逐步完善以及评级、承销等配套服务水平的提升，沪港通活跃度与交易规模逐渐增加。从现有文献来看，国内外关于股票市场开放的研究主要聚焦于对股票收益波动性、市场定价效率以及实体经济的影响（Henry，2000；Bekaert 和 Harvey，2005；Rejeb 和 Boughrara，2013），但鲜有文献涉及股价崩盘风险这一反映股票收益率累积的极端经济后果。事实上，20 世纪 70 年代末，学者们就已经开始从市场层面研究股价崩盘风险形成机理，并提出了著名的杠杆效应假设与波动反馈假说（French 和 Schwert，1987）。21 世纪初，股价崩盘风险的研究由市场转入个股。Chen 等（2001）从管理层隐瞒信息角度探讨了股价崩盘风险的成因，并开创性地提出了股价崩盘风险的衡量指标。此后，关于股价崩盘风险形成机理及影响因素的研究成果不断涌现，并成为金融领域研究的热点话题。在政策推出之前，顶层制度设计者就非常重视沪港通可能引致的诸多宏观层面的风险，包括资本单向流动风险、货币政策传导风险、实体经济可持续发展风险等。那么，沪港通政策实施以后，对于微观层面的股价崩盘风险会产生什么影响？其作用机理如何？这是本章要回答的主要问题。

沪股通首批标的股为上证 180 指数成分股、上证 380 指数成分股以及上海证券交易所上市的 A+H 股公司股票，投资标的数量不到上海证券交易所股票总数的一半。允许境外投资者买入和未被允许买入的股票构成了天然的试验组和控制组，便于解决内生性问题，为本章的研究设计提供了难得的“准自然实验”条件。基于此，本章以沪深主板上市公司为初始样本，运用双重差分（DID）模型，实证检验股票市场开放对标的证券股价崩盘风险的影响。本章可能的边际贡献主要有以下几方面：第一，借助沪港通这一准自然实验，采用PSM-DID模型，检验资本市场开放对股价崩盘风险造成的影响，能够有效缓解这一研究领域面临的内生性问题。具体来看，以同一国家上市公司作为研究样本进行分析，可有效控制经济发展、制度环境等遗漏变量带来的潜在偏误；沪港通的推出给股票市场开放程度提供了一个外生冲击，排除了反向因果关系存在的可能；另外，逐步开放的试点机制天然地区分了实验组与控制组，自动规避了股票市场开放程度的测量误差。第二，本章从公司层面股价崩盘风险视角，研究股票市场开放的经济后果并系统分析潜在的作用机制，从横向角度拓展了相关领域的研究。同时，丰富了股价崩盘风险影响因素的分析范式。第三，本章结论揭示了沪港通机制对股价崩盘风险的作用路径，为充分发挥沪港通的市场稳定功能、风险管理功能，促进资本市场健康发展提供了理论基础与实证支持，对我国资本市场双向开放的创新变革具有重大的战略意义。

第二节　理论分析与研究假设

一、股价崩盘风险成因及影响因素分析

作为股票市场的一种极端现象，股价崩盘一方面瞬间蒸发投资者的巨额财富，时刻牵动投资者脆弱的神经，严重打击了投资者热情；另一方面持续扰乱市场正常秩序，显著降低资源配置效率，极大地冲击了资本市场的健康稳定发展，已然成为金融领域研究的热点话题。

（一）股价崩盘风险的成因

法玛（1970）提出有效市场假说（EMH）奠定了现代资本市场理

论的核心，其主要观点是股票价格能够包含充分的信息。但该理论是完美条件下的标准理论，无法解释股价暴涨暴跌这类“异象”。而在有效市场假说基础上发展与完善的分形市场假说（FMH）则认为市场上存在不同时间长度的投资者，他们所拥有的信息集不一样，一种时间长度投资者的恐慌会被另一种时间长度的投资者化解，因而可以确保市场稳定。但分形结构还具有自相似性，即市场有时存在相似的结构，如果突然受到公司负面消息的冲击，不同时间长度的投资者集中抛售股票，就会引发股价崩盘。因此，分形市场假说既解释了市场稳定性，又诠释了股价崩盘现象。

公司层面股价崩盘风险是某只股票收益出现极端负值的概率。Chen 等（2001）较早地研究了公司层面的股价崩盘风险，指出管理层倾向于披露利好消息、隐瞒负面消息，是股价崩盘风险的主要成因，并创造性地提出了股价崩盘风险的衡量指标，成为探究公司层面股价崩盘风险的起源，但对股价崩盘的形成机理并未给出系统的理论解释。

Jin 和 Myers（2006）基于委托代理理论，系统阐述了公司层面股价暴跌的形成机理，并提出了“坏消息窖藏理论”。Jin 和 Myers 指出，管理层基于薪酬、声誉、晋升等动机刻意隐瞒公司负面消息，而外部投资者并不完全熟悉公司内部真实情况，因此这种隐瞒在短期内是可以实现的。但是当负面消息累积到一个临界点，外界条件不允许管理层继续隐瞒负面消息，或者持续隐藏的成本大于因此带来的收益时，坏消息将集中爆发，瞬间释放出来，导致股价崩盘。近年来我国资本市场上市公司屡屡出现的股价“闪崩”现象也印证了该理论。可见，委托代理冲突与信息不对称是股价崩盘风险的主要成因。

（二）股价崩盘风险的影响因素

“坏消息窖藏理论”的提出，奠定了公司层面股价崩盘风险研究的理论基础。此后，在委托代理理论与信息不对称理论的框架下，学者们从管理层特征、公司内外部因素等方面展开了一系列研究。

管理层特征方面，李小荣和刘行（2012）研究表明，女性高管道德水平更强，风险规避程度更高，代理成本更低，且能带来有效沟通与信任，因而有利于缓解委托代理冲突与信息不对称，显著降低公司股价崩盘风险。Kim 等（2016）认为过度自信的高管往往高估他们投资项目的回报，将负净现值（NPV）的项目误判为正值，他们倾向于忽视所经营项目的负面反馈，导致负净现值的项目持续时间过长，从而促使不良业绩累积，最终导致企业股价暴跌。

公司内部因素方面，叶康涛等（2015）指出内部控制信息披露有利于投资者对公司经营状况及财务报表质量进行正确评估，从而纠正会计信息解读偏差，提高公司信息透明度，降低股价崩盘的可能性。Kim 和 Zhang（2016）研究发现，公司执行稳健的会计政策有利于抑制管理层高估业绩的动机以及隐瞒负面消息的能力，因而可以减少股价暴跌的可能性。孙健等（2016）研究表明，进攻型的公司会有较高的融资需求，因而更可能隐藏负面信息，进攻型的公司股权激励特点决定了公司更可能操纵业绩，因此其认为公司战略越激进，股价崩盘的可能性越大。

公司外部因素方面，潘越等（2011）认为，财务分析师会对信息生产、传递、输出进行全方位介入，有利于减轻信息不对称。因此，分析师跟踪数量越多，股价暴跌可能性越小。此外，Callen 和 Fang（2016）研究发现，审计师任期越长，越有助于开发客户特定的知识，发现和阻止管理层囤积不良消息，因而公司股价崩盘的风险越低。

二、沪港通机制与股价崩盘风险

“坏消息窖藏理论”揭示了股价崩盘风险的起因在于管理层基于薪

酬契约、职业生涯等动机倾向于“报喜不报忧”，而外部投资者并不完全熟悉公司内部真实情况，因此这种隐瞒在短期内是可以实现的。但是当负面消息累积到一个临界点后将会集中释放出来，导致股价崩盘。Jin 和 Myers（2006）进一步指出，如果公司信息透明度低，外部投资者无法感知企业真实经营情况，那么股价信息含量低，不能及时吸收各种负面消息，一旦投资者识破公司内部经营状况，则会加剧这种崩盘风险。可见，管理层与股东之间的代理冲突和公司与外部投资者之间的信息不对称是股价崩盘风险的主要成因。

综合股票市场开放的经济后果以及现有理论体系，沪港通机制至少可以在以下两方面降低股价崩盘风险。

首先，沪港通机制能够有效提升公司治理水平（Mitton，2006）。开放的市场吸引了众多来自发达国家和地区的境外机构投资者，它们可能会积极参与上市公司治理，要求管理层提供更加透明的财务信息。同时，沪港通的实施为那些真正需要资金的公司提供了自律的动力，因为其必须让国际投资者清楚，它们的投资存在足够的保护措施。另外，沪港通机制在提升上市公司国际知名度以及满足跨境投资者需求的同时，也会带来众多分析师、媒体、承销商、审计机构等中介机构跟踪上市公司，加强对上市公司的监督，约束管理层盈余管理动机，改善公司信息环境。沪港通机制所带来的外部监督机制，有效缓解了公司委托代理冲突以及信息不对称，提高了股价信息含量，从而降低了标的证券股价崩盘风险。

其次，股票市场开放能显著改善上市公司股票流动性（Chandra，2002）。流动性溢价理论认为，流动性是影响股票价格的重要因素。现有文献主要从流动性溢价理论与股价信息含量两方面论证流动性与股价崩盘风险的负向关系。邹萍（2015）认为股票流动性越高，知情交易越活跃，股价越能及时反映公司特有信息。随着知情交易的增多，市场信息不对称程度降低，未来坏消息突然公布时，市场反应趋于平淡，股价波动趋于平稳。相反，对于流动性较差的股票，投资者可能会要求额外的补偿性预期收益，从而提高了股价中流动性风险溢价占比，增加了未来股价暴跌的可能性（熊家财，2015）。沪港通政策的实施吸引了大量境外机构投资者购买相关上市公司股票，提升了这些公司股票的活跃度，增强了股票流动性，股价充分反映了公司特有信息，降低了市场噪声，也降低了股价崩盘风险。

然而，股票市场开放并不总是传递积极效应，其也容易受到国际资本市场波动的影响，具有明显的波动溢出效应与传染效应（Bekaert 和 Harvey，2000）。依据现有理论，股票市场开放可能提高标的证券股价崩盘风险的原因至少有两个。

一是不成熟的市场对外开放可能会引起短期投机资本流入，加剧上市公司股价波动，降低资本市场信息效率（Naghavi，2014）。显然，这种投机资本并不能约束管理者行为、有效提升公司治理水平、缓解信息不对称程度。相反，因为套利目的而流入的资本可能还会增加内部交易风险，加大公司股价崩盘的可能性。

二是拥有较低持股比例的国际机构投资者未必会有参与公司治理的动机。这些投资者选择“用手”还是“用脚”投票的关键在于成本与收益的权衡，而持股比例可能就是关键问题。在沪港通开通初期，国家对外资持股比例有所限制，国际投资者对标的公司的持股比例并不会太高。另外，在市场缺乏有效监管、投机盛行的背景下，机构投资者盈利的路径更多在于市场操作而非获得长期投资回报。作为理性经济人的国际机构投资者同样会受到这种利益机制的约束。尤其是在“一股独大”“内部人控制”问题普遍存在的情况下，跨境投资者较小的持股量并不能为其获得足够的谈判筹码与制约力量，相反可能会出现“南橘”变“北枳”的尴尬，从而使其真正失去参与公司治理的意愿。另外，机构投资者甚至还可能与管理层合谋，纵容管理层隐瞒信息，增加公司未来股价崩盘的风险（曹丰等，2015）。

基于上述分析，沪港通政策与标的证券股价崩盘风险的关系是个实证命题。然而在我国资本市场交易制度、一线监管、信息披露持续完善背景下，我们预计沪港通政策启动后的积极作用将越来越明显。因此，本章提出第一个假设——

假设5-1：成为沪港通标的股票以后，未来一期股价崩盘风险显著降低。

三、沪港通、信息环境与股价崩盘风险

沪港通机制能够降低标的公司股价崩盘风险，可能的原因在于公司信息不对称状况的改善。沪港通政策启动后，随着国际投资者资产配置需要增加，市场加大了对分析师服务的需求量，同时，由于相关标的公司信息披露更充分，降低了分析师服务的供给成本，增加了分析师服务供给数量。基于分析师服务需求与供给数量的同时增加，分析师服务均衡曲线整体向右移动，即分析师跟踪数量增加。作为市场最重要的信息中介力量，分析师团队跟踪数量很好地衡量了上市公司信息环境（Lang等，2003；张纯等，2009；王艳艳等，2014）。鉴于股价暴跌风险源于公司信息不对称（Chen等，2001），沪港通之所以能够抑制标的公司股价暴跌风险，有可能是通过增加分析师跟踪数量，改善信息环境这一路径实现的。

由于不同公司的信息透明度本来就不同，沪港通机制对这些公司股价崩盘风险的降低效应也不一样。对于分析师跟踪数量多的公司，沪港通机制启动之前信息透明度可能就较高，在这样的公司引入沪港通机制，其边际作用较小。相反，在那些分析师跟踪数量少的公司，信息透明度较低，沪港通机制启动后，对信息环境改善的边际贡献可能较大。

基于以上分析，本章提出第二个假设——

假设 5-2：相对于分析师跟踪数量多的公司，沪港通机制对股价崩盘风险的抑制作用在分析师跟踪数量少的公司更显著，即改善信息环境是沪港通机制降低股价崩盘风险的重要途径。

第三节　研究设计

一、样本选择与数据来源

基于双重差分模型，以政策实施前后 6 年（2011—2016 年）为检验期间，股价崩盘风险指标为 $t+1$ 期，并对标的公司按以下原则进行了初步筛选：①剔除金融类上市公司；②剔除 ST 公司及财务数据缺失的上市公司；③剔除年度交易周数少于 30 周的上市公司。由于入选沪港通名单的股票与其他股票在特征上存在一定的差异，这些差异可能造成处理组在事件前股价崩盘风险比控制组低，从而影响结论的有效性。为此，采用倾向得分匹配（PSM）方法从沪深主板上市公司中构造一组与事前沪港通标的股基本特征、股价崩盘风险最为接近的样本作为控制组。匹配变量包括流通市值、交易量、换手率、总资产、净资产收益率，并控制行业、年份。根据最近邻匹配原则，按照 1∶1 无放回倾向得分匹配。经上述处理后，最终得到 5466 个公司-年度观测值。图 5-1 报告了匹配前后的密度函数。左图为匹配前的密度函数图，右图是匹配后的密度函数图。从中可以看出，匹配前处理组的倾向得分值要大于控制组；匹配后控制组的核密度分布向右移动，处理组与控制组倾向得分值基本趋于一致，表明倾向得分配对很好地修正了两组样本分布偏差。

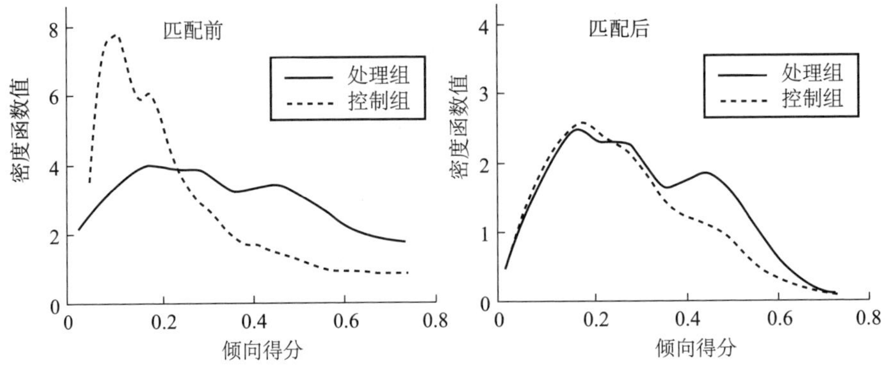

图 5-1　匹配前后密度函数

此外，为消除极端值的影响，对所有连续变量按照 1%的标准进行缩尾处理；为消除自相关的影响，在所有回归中对标准误进行公司层面的聚类处理。沪港通名单及其他财务数据主要来自国泰安数据（CSMAR）和万得数据库（Wind），是否有沪港通资金持股这一数据主要从中国香港联合交易所平台、东方财富网站以及上市公司前十大股东资料中通过手工搜集得到。

二、变量定义与计算

（一）股价崩盘风险变量

借鉴现有文献的研究（Chen 等，2001；Kim 等，2011a），采用股票负收益率偏态系数（*NCSKEW*）和收益上下波动率（*DUVOL*）两个指标来衡量股价崩盘风险，具体计算步骤如下。

第一步，利用模型（5-1）计算股票 i 经市场调整后的周收益率 $W_{i,t}$：

$$R_{i,t}=\beta_0+\beta_1R_{m,t-2}+\beta_2R_{m,t-1}+\beta_3R_{m,t}+\beta_4R_{m,t+1}+\beta_5R_{m,t+2}+\varepsilon_{i,t} \qquad (5-1)$$

其中，$R_{i,t}$表示股票 i 在第 t 周的收益率，$R_{m,t}$表示在第 t 周所有股票经流通市值加权后的平均收益率，残差 $\varepsilon_{i,t}$为个股收益率中剥离出市场收益率的部分，股票 i 经市场调整后的周收益率 $W_{i,t}=\ln(1+\varepsilon_{i,t})$。

第二步，根据公式（5-2）、公式（5-3）计算股价崩盘风险的两个指标：

$$NCSKEW_{i,t}=-[n(n-1)^{3/2}\sum W_{i,t}^{3}]/[(n-1)(n-2)(\sum W_{i,t}^{3})^{3/2}] \tag{5-2}$$

$$DUVOL_{i,t}=\ln\{[(n_u-1)\sum_{Down} W_{i,t}^{2}]/[(n_d-1)\sum_{Up} W_{i,t}^{2}]\} \tag{5-3}$$

其中，(n_u-1)、(n_d-1) 为股票 i 经市场调整后的周收益率 $W_{i,t}$ 高于（低于）年平均收益率 W_i 的周数。$NCSKEW_{i,t}$ 和 $DUVOL_{i,t}$ 的数值越大，意味着股价负向偏离程度和上下波动比率越高，股价崩盘的可能性也就越大。

（二）控制变量

参考现有文献，并结合影响股价崩盘的市场层面与公司层面因素，控制了以下变量：本期股票负收益率偏态系数（*NCSKEW*）、收益上下波动率（*DUVOL*）、个股年度收益率（*RET*）、去趋势换手率（*DTURN*）、周收益率标准差（*SIGMA*）、公司规模（*SIZE*）、资产负债率（*LEV*）、账面市值比（*BM*）、资产收益率（*ROA*）以及用操作性应计绝对值衡量的公司信息透明度（*AbsACC*）。主要变量的定义如表 5-1 所示。

表 5-1　股价崩盘风险主要变量定义

变量名称	变量定义
负收益率偏态系数（*NCSKEW*）	根据模型（5-2）计算得到
收益上下波动率（*DUVOL*）	根据模型（5-3）计算得到
沪港通标的公司（*TREAT*）	若公司在样本期间被纳入沪港通名单，则 *Treat*=1，否则 *Treat*=0
沪港通启动时间（*POST*）	若属于公司进入沪港通名单之后的年度，则 *Post*=1，否则 *Post*=0

续表

变量名称	变量定义
个股年度收益率（*RET*）	t 年平均周特有收益率
去趋势换手率（*DTURN*）	t 年的月平均换手率减去 t-1 年的月平均换手率
周收益率标准差（*SIGMA*）	t 年周特有收益率的标准差
公司规模（*SIZE*）	上市公司年末总资产取自然对数
资产负债率（*LEV*）	公司年末负债账面价值与资产账面价值之比
账面市值比（*BM*）	股东权益÷公司总市值
资产收益率（*ROA*）	净利润÷总资产
公司信息透明度（*AbsACC*）	由修正的 Jones 模型估计得到
行业（*Ind*）	行业虚拟变量
年度（*Year*）	年度虚拟变量

三、研究模型设计

考虑到部分公司先后被纳入沪港通标的名单，为了检验假设5-1，本章借鉴 Chan 等（2012）提出的双重差分模型来检验沪港通政策对股价崩盘风险的影响，具体形式为

$$CRASH_{i,t+1}=\alpha+\beta_1 TREAT_i+\beta_2 POST_{i,t}\times TREAT_i+\beta X_{i,t}+\sum YEAR+\sum IND+\varepsilon_{i,t} \tag{5-4}$$

其中，$CRASH_{i,t+1}$为股价崩盘风险的两个指标；$X_{i,t}$表示一组控制变量。交乘项系数 β_2 刻画了沪港通标的股在事件前后股价崩盘风险的变化与非沪港通标的股变化的差异即政策的净效应，是本章重点关注的对象。预期系数 β_2 显著为负，即沪港通机制降低了标的证券股价崩盘风险。

为了检验假设 5-2，本章以分析师跟踪数量（*Coverage*）来衡量公司信息环境，并利用沪港通启动之前的分析师跟踪数量对全样本公司进

行分组。如果上市公司分析师跟踪数量大于行业中位数，则认为公司信息环境好，并根据 PSM 配对结果将与其配对的控制组也划归到信息环境好的组，其他公司为信息环境差组。本章定义虚拟变量 $HIGH$，如果企业信息环境好，则 $HIGH$ 取值为 1；否则 $HIGH$ 取值为 0。运用模型（5-5）来检验假设 5-2：

$$CRASH_{i,t+1}=\alpha+\beta_1 POST_{i,t}\times TREAT_i\times HIGH+\beta_2 POST_{i,t}\times TREAT_i+\beta_3 TREAT_i\times HIGH+\beta_4 TREAT_i+\beta X_{i,t}+\sum YEAR+\sum IND+\varepsilon_{i,t} \quad (5-5)$$

其中，交乘项 $POST_{i,t}\times TREAT_i\times HIGH$ 的系数 β_1 刻画了信息环境好的公司在引入沪港通机制后与其他公司股价崩盘风险方面的差异。预期系数 β_1 显著为正，即相较于信息环境好的公司，沪港通机制对股价崩盘风险的抑制作用在信息环境差的公司中更显著。

第四节　实证结果与分析

一、描述性统计与相关性分析

（一）描述性统计

表 5-2 列示了主要变量的描述性统计。从中可以看出，被解释变量 $NCSKEW_{t+1}$ 和 $DUVOL_{t+1}$ 的均值与中位数分别为 -0.265 和 -0.161、-0.259 和 -0.154，略高于曹丰（2015）等的计算结果，考虑到他们的样本区间仅截至 2013 年，而我国股市在 2015 年经历了大幅波动，上述统计结果比较合理。另外，$NCSKEW_{t+1}$ 与 $DUVOL_{t+1}$ 的标准差分别达到了 0.807、0.404，说明在样本期间内，个股崩盘风险差异较大。控制变量方面，公司规模（$SIZE_t$）平均值为 22.86，说明本研究选择的样本公

司规模偏大，这与沪港通标的股的特点相吻合；资产负债率（LEV_t）均值为0.424，说明样本公司的负债处于一个合理水平。总资产收益率（ROA_t）均值为0.057，中位数为0.040，且均值大于中位数，表明样本呈现右偏分布。

表 5-2 股价崩盘风险主要变量描述性统计

变量	均值	标准差	最小值	最大值	25 分位	中位数	75 分位
$NCSKEW_{t+1}$	-0.265	0.807	-4.274	2.970	-0.738	-0.259	0.187
$DUVOL_{t+1}$	-0.161	0.404	-2.083	1.762	-0.417	-0.154	0.103
$SIGMA_t$	0.035	0.016	0.016	0.091	0.027	0.028	0.029
RET_t	0.006	0.006	-0.026	0.039	0.001	0.005	0.01
$DTURN_t$	-0.024	0.330	-2.001	2	-0.192	-0.011	0.138
$SIZE_t$	22.86	1.432	17.39	27.70	20.93	21.66	22.79
LEV_t	0.424	0.213	0.008	1.303	0.251	0.420	0.582
ROA_t	0.057	0.141	-0.539	10.03	0.018	0.040	0.069
BM_t	0.306	0.584	0.008	0.98	0.352	0.591	0.850
$AbsACC_t$	0.071	0.151	0.001	4.840	0.019	0.041	0.078

注：样本量为5466。

（二）相关性分析

表5-3报告了主要变量的相关系数，左下部分是Pearson相关分析，右上部分是Spearman相关分析。两种相关分析的结果大体一致，变量间相关系数均小于0.5，说明模型不存在严重的多重共线性。具体来看，股价崩盘风险的两个变量$NCSKEW_{t+1}$与$DUVOL_{t+1}$之间的Spearman相关系数为0.976，Pearson相关系数为0.955，且均在1%水平上显著，表明度量股价崩盘风险的两个指标具有很好的一致性。其他控制变量相关系数符号基本符合预期。

表 5-3　股价崩盘风险主要变量相关性分析

	$NCSKEW_{t+1}$	$DUVOL_{t+1}$	LEV_t	$SIGMA_t$	RET_t	$DTURN_t$	$SIZE_t$	ROA_t
$NCSKEW_{t+1}$	—	0.976***	-0.097***	0.052***	0.137***	-0.055***	-0.193***	0.054***
$DUVOL_{t+1}$	0.955***	—	-0.112***	0.051***	0.133***	-0.058***	-0.208***	0.052***
LEV_t	-0.095***	-0.117***	—	-0.041***	0.404***	0.053***	0.494***	-0.053***
$SIGMA_t$	0.002	-0.007	0.218***	—	-0.228***	0.322***	-0.051***	0.046***
RET_t	0.151***	0.149***	0.349***	0.030**	—	0.118***	0.028**	-0.105***
$DTURN_t$	-0.054***	-0.056***	0.028**	0.419***	0.085***	—	0.010	-0.043***
$SIZE_t$	-0.220***	-0.236***	0.473***	0.029**	0.003	0.004	—	-0.021*
ROA_t	0.025**	0.020	-0.019	-0.012	-0.021	0.005	-0.033***	—

注：***、**、*分别表示在1%、5%、10%的水平上显著。

（三）单变量分析

表 5-4 分别比较了在沪港通启动前后，处理组与控制组在股价崩盘风险特征方面的差异。首先，从 *Panel A* 可以看出，在沪港通启动之前，控制组与处理组在股价崩盘风险特征方面均无明显差异，均值 t 检验与非参数秩和检验结果在统计上都不显著，基本满足平行趋势假定。其次，从 *Panel B* 可以看出，沪港通开通以后，无论是从 $NCSKEW_{t+1}$ 还是从 $DUVOL_{t+1}$ 来看处理组的股价崩盘风险明显低于控制组，t 检验与非参数秩和检验在统计上显著。最后，处理组和控制组的股价崩盘风险事件后都比事件前有所增加，可能的解释是 2014 年沪港通启动以后，2015 年我国股票市场经历了一次快速的牛熊转换，千股涨停到千股跌停，导致事件后比事件前崩盘风险更大。一个关键的问题是事件后处理组的股价崩盘风险明显小于控制组股价崩盘风险，这是不是沪港通政策所致？下文将运用 DID 模型并控制其他因素加以深入分析。

表 5-4　单变量分组分析

Panel A：事件前	处理组		控制组			
	均值	观测数	均值	观测数	t 检验	秩和检验
$NCSKEW_{t+1}$	-0.319	2733	-0.305	2733	1.53	0.63
$DUVOL_{t+1}$	-0.175	2733	-0.156	2733	1.61	0.90
Panel B：事件后	处理组		控制组			
	均值	观测数	均值	观测数	t 检验	秩和检验
$NCSKEW_{t+1}$	-0.225	2733	-0.009	2733	4.41***	6.02***
$DUVOL_{t+1}$	-0.140	2733	-0.003	2733	2.15**	4.56***

注：***、**、*分别表示在1%、5%、10%的水平上显著。

二、多元回归分析

（一）沪港通机制与股价崩盘分析

表5-5列示了假设5-1的回归结果。在第（1）、（2）列中，运用全样本进行回归，交乘项 $POST_{i,t} \times TREAT_t$ 的估计系数分别为-0.275和-0.208，均在1%的水平上显著，表明沪港通政策实施以后，标的股票未来一期的股价崩盘风险相较于非标的股票明显降低。在第（3）、（4）列中，运用匹配样本进行回归，交乘项的回归系数分别为-0.223与-0.122，依然在1%的水平上显著。以上结论表明，基于沪港通政策的股票市场开放显著降低了未来一期标的证券的股价崩盘风险，且这种负相关关系比较纯粹，不受控制变量的影响，这就证明了假设5-1。

事实上，沪港通政策的推出不单单是吸引了更多的国际机构投资者参与A股价格竞争，更重要的目的在于我国股票市场一整套透明、公正的游戏规则的构建以及金融基础设施的完善，还有在此基础上投资行为、投资取向、投资理念的深刻变革。同时，沪港通机制改变了我国资本市场分割现状，增强了相关股票流动性，也为上市公司提供了自律的市场动力。那些真正需要资金的上市公司可能会努力改善信息披露质量，提升内部治理水平，以向市场传递良好的信号，从而吸引更多的国际投资。基于以上理论分析与实证检验，沪港通政策一定程度上降低了标的证券股价崩盘风险。

从控制变量方面来看，股价崩盘风险的指标 *NCSKEW* 和 *DUVOL* 与个股年度周特有收益率的标准差（*SIGMA*）、个股年度收益率（*RET*）、公司信息透明度（*AbsACC*）正相关；与去趋势股票换手率（*DTURN*）、公司规模（*SIZE*）、账面市值比（*BM*）负相关，这些结论与曹丰（2015）、宋献中等（2017）的观点基本一致。

表 5-5 沪港通机制与股价崩盘风险

	Full Sample		PSM Sample	
	(1) $NCSKEW_{t+1}$	(2) $DUVOL_{t+1}$	(3) $NCSKEW_{t+1}$	(4) $DUVOL_{t+1}$
$TREAT_i$	-0.017 (-1.50)	-0.013 (-1.52)	-0.009 (-0.67)	-0.007 (-0.39)
$POST_{i,t} \times TREAT_i$	-0.275*** (-7.55)	-0.208*** (-6.28)	-0.223*** (-6.86)	-0.122*** (-5.86)
$NCSKEW_t$	0.058*** (5.04)	—	0.066*** (4.29)	—
$DUVOL_t$	—	0.056*** (4.80)	—	0.063*** (4.17)
$SIGMA_t$	2.885*** (4.63)	1.174*** (3.79)	7.007** (2.37)	4.283** (2.18)
RET_t	6.331*** (5.57)	2.528*** (5.53)	9.902*** (2.95)	4.816** (2.39)
$DTURN_t$	-0.194*** (-5.71)	-0.092*** (-5.44)	-0.204*** (-5.42)	-0.113*** (-5.88)
$SIZE_t$	-0.099*** (-10.12)	-0.057*** (-11.61)	-0.020* (-1.74)	-0.016*** (-2.83)

续表

	Full Sample		PSM Sample	
	(1) $NCSKEW_{t+1}$	(2) $DUVOL_{t+1}$	(3) $NCSKEW_{t+1}$	(4) $DUVOL_{t+1}$
LEV_t	-0.219*** (-3.91)	-0.091*** (-3.27)	-0.138** (-2.35)	-0.052* (-1.73)
ROA_t	0.951*** (5.70)	0.445*** (5.38)	0.055 (1.03)	0.012 (0.51)
BM_t	-0.036*** (-3.02)	-0.010* (-1.72)	-0.146*** (-7.43)	-0.067*** (-7.22)
$AbsACC_t$	0.337*** (6.63)	0.220*** (7.71)	0.223*** (4.86)	0.122*** (5.55)
$Constan_t$	-0.250*** (-21.14)	-0.132*** (-22.45)	-0.150 (-0.57)	-0.013 (-0.10)
YEAR/IND	Yes	Yes	Yes	Yes
N	11224	11224	5466	5466
Adj-R^2	0.209	0.214	0.130	0.146

注：***、**、*分别表示在1%、5%、10%的水平上显著，括号内数值为 *t* 值。

（二）沪港通、信息环境与股价崩盘分析

表5-6报告了假设5-2的回归结果。在第（1）、（2）列中，运用全样本进行回归，交乘项 $POST_{i,t} \times TREAT_i \times HIGH$ 的估计系数分别为0.224和0.115，均在1%的水平上显著，相对于分析师跟踪数量多的公司，沪港通机制对股价崩盘风险的抑制作用在分析师跟踪数量少的公司中更显著，即改善信息环境是沪港通降低股价崩盘风险的重要途径。在第（3）、（4）列中，运用匹配样本进行回归，交乘项的回归系数分别为0.143与0.067，均在5%的水平上显著。以上结果表明，沪港通政策对未来一期标的证券的股价崩盘风险降低作用在信息环境差的公司中更显著，这就证明了假设5-2。

表 5-6　沪港通、信息环境与股价崩盘风险

	Full Sample		PSM Sample	
	(1) $NCSKEW_{t+1}$	(2) $DUVOL_{t+1}$	(3) $NCSKEW_{t+1}$	(4) $DUVOL_{t+1}$
$POST_{i,t} \times TREAT_i \times HIGH$	0. 224*** (3. 76)	0. 115*** (3. 88)	0. 143** (2. 10)	0. 067** (2. 07)
$POST_{i,t} \times TREAT_i$	-0. 113* (-1. 81)	-0. 049* (-1. 78)	-0. 149*** (-3. 22)	-0. 081*** (-3. 61)
$TREAT_i \times HIGH$	-0. 061 (-1. 20)	-0. 034 (-1. 33)	-0. 014 (-0. 25)	-0. 021 (-0. 77)
$TREAT_i$	-0. 061** (-2. 15)	-0. 029** (-2. 11)	0. 058 (1. 18)	0. 028 (1. 19)
$NCSKEW_t$	0. 061*** (3. 97)	—	0. 051*** (2. 78)	—
$DUVOL_t$	—	0. 070*** (4. 41)	—	0. 065*** (3. 53)
$SIGMA_t$	6. 292* (1. 91)	3. 684** (2. 25)	4. 389 (1. 45)	2. 743 (1. 53)
RET_t	11. 654*** (2. 88)	5. 586*** (2. 77)	6. 999** (2. 07)	3. 145 (1. 58)
$DTURN_t$	-0. 279*** (-5. 76)	-0. 156*** (-6. 45)	-0. 240*** (-5. 76)	-0. 129*** (-6. 16)
$SIZE_t$	-0. 024 (-1. 62)	-0. 018** (-2. 46)	-0. 012 (-0. 83)	-0. 009 (-1. 21)
LEV_t	0. 268*** (3. 32)	0. 120*** (2. 99)	0. 164** (2. 46)	0. 062* (1. 88)
ROA_t	0. 769*** (2. 91)	0. 311** (2. 36)	0. 073 (1. 17)	0. 026 (0. 87)
BM_t	-0. 147*** (-8. 09)	-0. 068*** (-7. 52)	-0. 154*** (-7. 05)	-0. 072*** (-7. 05)
$AbsACC_t$	0. 123 (1. 45)	0. 055 (1. 31)	0. 063 (0. 75)	0. 025 (0. 64)
$Constan_t$	0. 060 (0. 19)	0. 149 (0. 93)	-0. 023 (-0. 07)	0. 049 (0. 31)
YEAR/IND	*Yes*	*Yes*	*Yes*	*Yes*
N	11 220	11 220	5 466	5 466
$Adj\text{-}R^2$	0. 268	0. 279	0. 166	0. 177

注：***、**、*分别表示在 1%、5%、10%的水平上显著，括号内数值为 t 值。

三、安慰剂检验

（一）实验模型的重新设定

借鉴 Chen 等（2015）的做法，运用安慰剂检验思路来识别沪港通机制与股价崩盘风险的因果关系。具体模型为

$$CRASH_{i,t}=\alpha+\beta_1 POST_{i,t}+\gamma CONTROL_{i,t}+\varepsilon_{i,t} \tag{5-6}$$

其中，*CRASH* 为股价崩盘风险的两个指标。*POST* 为沪港通时间变量，对于处理组，成为沪股通标的证券后取值为 1，否则为 0；对于控制组，取值与配对样本相同。*CONTROL* 为控制变量，与模型（5-4）一样。按照安慰剂检验思路，运用模型（5-6）分别对处理组和控制组进行分样本回归。结果见表 5-7 第（1）~（4）列。第（1）、（2）列是处理组估计结果，*POST* 回归系数分别为-0.318、-0.174，均在 1%的水平上显著，这一结论再次表明沪港通政策实施后，标的证券股价崩盘的可能性显著降低；第（3）、（4）列是控制组的估计结果，回归系数分别为 0.066、0.034，且统计上不显著，表明控制组标的证券并未受到沪港通政策的影响。以上结论进一步印证了沪港通政策与股价崩盘风险的因果关系。

（二）实验时间的重新选择

如果标的证券股价崩盘风险的降低是沪港通政策运行的效应所致，那么人为变更政策启动时间以后，双重差分模型的估计效果将不再成立。为此，参照肖浩和孔爱国（2014）的做法，将沪港通政策的启动时间人为地向前调整 3 期，即假定 2011 年启动，使实验的整个样本区间落在了真实实验开始前，再重新估计双重差分模型，结论见表 5-7 第（5）、（6）列。此时，观测到交乘项 $POST_{i,t}\times TREAT_t$ 与被解释变量 *NCSKEW* 的回归系数为-0.044，统计意义上不再显著，而交乘项与另

一股价崩盘风险指标 $DUVOL_{t+1}$ 回归系数为-0.185，仅在10%的水平上微弱显著，表明了标的证券股价崩盘风险的降低的确是沪港通政策开通所致。

表5-7 沪港通与股价崩盘风险的安慰剂检验

	处理组		控制组		全样本	
	(1) $NCSKEW_{t+1}$	(2) $DUVOL_{t+1}$	(3) $NCSKEW_{t+1}$	(4) $DUVOL_{t+1}$	(5) $NCSKEW_{t+1}$	(6) $DUVOL_{t+1}$
$TREAT_i$	—	—	—	—	-0.107 (-1.53)	-0.040 (-1.19)
$POST_t$	-0.318*** (-4.41)	-0.174*** (-4.97)	0.066 (1.02)	0.034 (1.03)	—	—
$POST \times TREAT$	—	—	—	—	-0.044 (-0.53)	-0.185* (-1.75)
$SIGMA_t$	6.927 (1.33)	3.489 (1.39)	6.513* (1.83)	4.335** (2.37)	6.675*** (4.37)	8.084*** (4.51)
RET_t	18.333*** (2.93)	8.315*** (2.75)	7.378* (1.73)	3.804* (1.74)	39.093*** (16.25)	20.767*** (18.06)
$DTURN_t$	-0.276*** (-4.04)	-0.165*** (-4.99)	-0.175*** (-4.31)	-0.094*** (-4.51)	-0.329*** (-6.97)	-0.169*** (-7.49)
$SIZE_t$	-0.019 (-1.22)	-0.015** (-2.02)	0.007 (0.29)	-0.003 (-0.22)	-0.018 (-1.43)	-0.010* (-1.69)
LEV_t	0.309*** (2.88)	0.122** (2.34)	0.096 (1.25)	0.030 (0.76)	-0.090 (-1.28)	-0.013 (-0.39)
ROA_t	1.050*** (3.13)	0.423*** (2.61)	0.012 (0.18)	-0.003 (-0.09)	0.077 (1.06)	0.024 (0.68)
BM_t	-0.135*** (-7.13)	-0.063*** (-6.93)	-0.124*** (-2.65)	-0.039 (-1.64)	-0.159*** (-9.41)	-0.072*** (-8.92)
$AbsACC_t$	0.067 (0.62)	0.015 (0.30)	0.025 (0.31)	0.008 (0.18)	0.024 (0.32)	0.007 (0.18)
$Constan_t$	-0.344 (-0.93)	-0.067 (-0.37)	-0.653 (-1.29)	-0.241 (-0.92)	-0.966*** (-2.72)	-0.451*** (-2.66)
$YEAR/IND$	Yes	Yes	Yes	Yes	Yes	Yes
N	2 733	2 733	2 733	2 733	4 954	4 954
$Adj\text{-}R^2$	0.115	0.097	0.121	0.100	0.083	0.092

注：***、**、*分别表示在1%、5%、10%的水平上显著，括号内数值为 t 值。

四、稳健性测试

本章测试了所有解释变量的 *VIF* 值，发现它们均小于 2.0，说明模型不存在严重的多重共线性问题。此外，为保证本书结论的可靠性，从以下几方面进行了稳健性检验。

（一）替换股价崩盘风险衡量指标

借鉴 Piotroski 等（2015）的做法，以公司一年内经历股价暴跌频率（*FREQUENCY*）作为崩盘风险指标的替代变量。$FREQUENCY_{i,t+1}$的衡量方式为股票 i 在第 t 年经市场调整后的周特定收益率 $W_{i,s}$ 小于该股票当年 W_i 均值的两倍标准差以下的周数占当年该股票交易总周数的比值。$FREQUENCY_{i,t+1}$数值越大，则股价崩盘风险越高。回归结果见表 5-8 稳健性测试一，沪港通交乘项与股价崩盘风险替代变量 *FREQUENCY* 回归系数为-0.054，在 1%的水平上显著，与前文的结论基本一致。

（二）剔除 2015 年的股价崩盘风险数据

由于系统风险，2015 年我国股票市场经历了大起大落，出现了千股跌停与千股涨停的异态。市场极端现象的出现可能会使计算出来的股价崩盘风险指标出现偏误。为解决这个问题，剔除 2015 年股价崩盘风险数据重新进行回归，结果见表 5-8 稳健性测试二，股价崩盘风险的两个指标依然在 1%的水平上显著，主要结论并未发生改变。

（三）更换控制组

为更好地避免控制组样本选择性偏差，以 2014 年 12 月 31 日前被调整出上证 180、上证 380 两大指数的股票作为新的控制组。上证 180、上证 380 两大指数自发布以来，历经几次调整，截至 2014 年末，共有 297 家公司股票被调出。以被调出的股票作为控制组，重新进行估计，回归结果见表 5-8 稳健性测试三。可以看出，交叉项 $POST_{i,t} \times TREAT_t$ 系数分别为-0. 520、-0. 289，依然在 1%的水平上显著。

表 5-8　沪港通与股价崩盘风险的稳健性测试

	稳健性测试一	稳健性测试二		稳健性测试三	
	(1) $FREQUENCY_{t+1}$	(2) $NCSKEW_{t+1}$	(3) $DUVOL_{t+1}$	(4) $NCSKEW_{t+1}$	(5) $DUVOL_{t+1}$
$TREAT_t$	-0. 021 (-0. 36)	-0. 109 (-1. 44)	-0. 041 (-1. 16)	0. 046 (0. 46)	0. 016 (0. 34)
$POST_{i,t} \times TREAT_i$	-0. 054*** (-10. 35)	-0. 088** (-2. 38)	-0. 109*** (-6. 46)	-0. 520*** (-3. 53)	-0. 289*** (-4. 08)
$SIGMA_t$	0. 324*** (15. 79)	4. 622*** (6. 40)	2. 338*** (6. 41)	7. 781 (1. 52)	3. 944 (1. 60)
RET_t	-0. 373*** (-16. 28)	7. 172*** (3. 27)	2. 523** (2. 27)	18. 344*** (2. 97)	8. 225*** (2. 76)
$DTURN_t$	0. 002*** (4. 60)	-0. 177*** (-4. 97)	-0. 091*** (-5. 02)	-0. 261*** (-3. 87)	-0. 159*** (-4. 88)
$SIZE_t$	0. 001*** (6. 39)	-0. 041*** (-3. 56)	-0. 025*** (-4. 32)	-0. 019 (-1. 25)	-0. 016** (-2. 13)
LEV_t	-0. 002*** (-2. 90)	-0. 144** (-2. 31)	-0. 048 (-1. 51)	0. 265*** (2. 68)	0. 101** (2. 12)
ROA_t	0. 001 (0. 96)	0. 368* (1. 96)	0. 129 (1. 36)	0. 920*** (3. 17)	0. 387*** (2. 77)
BM_t	-0. 001*** (-4. 02)	-0. 096*** (-5. 41)	-0. 040*** (-4. 41)	-0. 137*** (-7. 39)	-0. 063*** (-7. 08)
$AbsACC_t$	-0. 001 (-0. 96)	-0. 013 (-0. 20)	-0. 011 (-0. 31)	0. 055 (0. 55)	0. 009 (0. 18)
$Constan_t$	-0. 028*** (-9. 25)	-0. 373 (-1. 55)	-0. 285** (-2. 35)	-0. 413 (-1. 15)	-0. 088 (-0. 51)
YEAR/IND	Yes	Yes	Yes	Yes	Yes
N	5 466	4 522	4 522	3 735	3 735
$Adj\text{-}R^2$	0. 165	0. 149	0. 152	0. 120	0. 129

注：***、**、*分别表示在 1%、5%、10%的水平上显著，括号内数值为 t 值。

第五节 进一步分析

基本分析表明沪港通作为上市公司的一种外部治理机制，能够有效抑制标的证券股价崩盘风险。那么，二者的因果关系是通过什么路径产生的呢？本部分将进一步检验沪港通机制的传导路径。

一、沪港通、流动性水平与股价崩盘风险

增强流动性、提高资源配置效率、深化资本市场改革是许多国家实施股票市场开放政策的初衷。Bekeart 等（2007）证明了股票市场开放能够显著增加交易量、明显提高新兴市场股票的流动性。股票流动性有助于提升股价信息含量，缓解信息不对称，进而降低股价崩盘风险。沪港通对股价崩盘风险的作用机理也有可能是通过提升标的证券流动性水平来实现的。如果这一推论成立，就应该发现两者的负向关系在流动性水平低的组更显著。

参考已有文献（Amihud，2002），本章以流动性匮乏指标（LIQ）衡量股票流动性，LIQ 衡量指令流对价格的影响，计算公式为

$$LIQ_{i,\ t}=\frac{1}{N_t}\sum_{j=1}^{N_t}\frac{R_{i,\ j}}{VOL_{i,\ j}} \tag{5-7}$$

其中，$R_{i,j}$表示股票 i 于第 j 个交易日的收益率，$VOL_{i,j}$表示股票 i 于第 j 个交易日的成交额，N_t 表示股票第 t 年的交易天数。$LIQ_{i,t}$数值越大，表示股票流动性越差。根据公司流动性水平年度中位数，将样本分为流动性水平高和流动性水平低两组分别进行回归，结果如表 5-9 所示。从中可以看出，在流动性水平低组，交乘项 $POST_{i,t}\times TREAT_t$ 的回归系数分别为-0.299、-0.163，在 1%的水平上显著；在流动性水平高组，交乘项的回归系数均不显著。这表明沪港通机制仅在流动性水平低的标

的公司发挥了作用，与我们的预期保持一致。

表 5-9 沪港通、流动性水平与股价崩盘风险

	流动性水平低组		流动性水平高组	
	(1) $NCSKEW_{t+1}$	(2) $DUVOL_{t+1}$	(3) $NCSKEW_{t+1}$	(4) $DUVOL_{t+1}$
$TREAT_i$	-0.011 (-0.93)	-0.013 (-0.82)	-0.004 (-0.12)	-0.005 (-0.14)
$POST_{i,t} \times TREAT_i$	-0.299*** (-7.60)	-0.163*** (-8.28)	-0.048 (-1.11)	-0.031 (-1.57)
$SIGMA_t$	3.488*** (3.59)	1.577*** (3.24)	2.016** (2.05)	0.931* (1.91)
RET_t	23.394*** (9.42)	12.012*** (9.65)	27.489*** (11.47)	13.844*** (11.61)
$DTURN_t$	-0.206*** (-4.27)	-0.097*** (-4.00)	-0.195*** (-4.20)	-0.107*** (-4.63)
$SIZE_t$	-0.051*** (-3.67)	-0.031*** (-4.45)	-0.108*** (-6.11)	-0.058*** (-6.61)
LEV_t	0.306*** (3.53)	0.133*** (3.07)	0.077 (0.98)	0.006 (0.16)
ROA_t	0.657*** (2.70)	0.297** (2.43)	0.035 (0.47)	0.008 (0.20)
BM_t	-0.116*** (-6.41)	-0.052*** (-5.78)	-0.068*** (-2.72)	-0.017 (-1.37)
$AbsACC_t$	-0.022 (-0.23)	-0.002 (-0.04)	-0.007 (-0.08)	-0.001 (-0.02)
$Constan_t$	0.596** (2.03)	0.419*** (2.85)	1.857*** (5.05)	1.013*** (5.54)
YEAR/IND	Yes	Yes	Yes	Yes
N	2 706	2 706	2 760	2 760
$Adj\text{-}R^2$	0.105	0.087	0.115	0.092

注：***、**、* 分别表示在1%、5%、10%的水平上显著，括号内数值为 t 值。

二、沪港通、治理水平与股价崩盘风险

良好的公司治理水平可以有效缓解公司经理人的代理冲突，约束经理人隐瞒负面消息行为。股票市场开放通过引入更多国际投资者买入上市公司股票，增加证券分析师、媒体等中介机构监督，一定程度上可能会提升公司治理水平。因此，沪港通机制还有可能通过提升公司治理水平这条路径来降低股价崩盘风险。如果这一推论成立，就可以发现，二者的负向关系在内部治理水平低的企业更显著。

根据已有文献（白重恩，2005），本书运用主成分分析法构建公司治理水平测度指标。选取股东层面（第一大股东持股比例、第二至第五大股东持股数量之和与第一大股东持股数量之比）、管理层治理层面（董事长与总经理是否两职合一、高管持股比例）、董事会层面（董事会规模、独立董事人数）、公司特征层面（是否为国有控股）、市场层面（公司所占市场份额）五大维度八个指标进行主成分分析，并取第一大主成分得分作为衡量公司治理水平的综合指标（*CGI*）①。按照公司治理水平年度中位数，将样本分为治理水平高和治理水平低两组，分别进行回归，结果如表5-10所示。从中可以看出，在内部治理水平低组，交乘项 $POST_{i,t} \times TREAT_t$ 的回归系数分别为-0.162、-0.084，在1%的水平上显著；在治理水平高组，交乘项的回归系数分别为-0.169、-0.098，依然在1%的水平上显著。交乘项在治理水平高组与治理水平低组中回归系数在经济意义上略有差别，但在统计意义上并没有显著差异，这说明沪港通对股价崩盘风险的作用并没有通过治理水平这条路径。可能的原因在于，沪港通政策的实施尚处于初期，尽管吸引了大量

① 在第一主成分中，第一大股东持股比例、第二至第五大股东持股数量之和与第一大股东持股数量之比、董事长与总经理是否两职合一、高管持股比例、董事会规模、独立董事人数、是否为国有控股、公司所占市场份额八个指标的载荷系数分别为-0.376、0.286、0.214、0.329、0.146、0.092、-0.382、-0.175。

国际资本参与A股价格竞争，吸引了证券分析师、媒体等社会中介机构关注上市公司，但公司治理水平的提升并非一蹴而就，可能还需时日。

表5-10　沪港通、治理水平与股价崩盘风险

	治理水平低组		治理水平高组	
	(1) $NCSKEW_{t+1}$	(2) $DUVOL_{t+1}$	(3) $NCSKEW_{t+1}$	(4) $DUVOL_{t+1}$
$TREAT_i$	0.038 (0.58)	-0.002 (-0.05)	-0.048 (-0.83)	-0.024 (-0.84)
$POST_{i,t}\times TREAT_i$	-0.162*** (-2.96)	-0.084*** (-3.12)	-0.169*** (-3.03)	-0.098*** (-3.66)
$SIGMA_t$	6.446 (1.64)	4.242** (2.20)	0.756 (0.70)	-0.062 (-0.12)
RET_t	10.014* (1.96)	5.228** (2.08)	17.526*** (6.29)	8.526*** (6.35)
$DTURN_t$	-0.281*** (-4.89)	-0.154*** (-5.48)	-0.280*** (-4.65)	-0.142*** (-4.88)
$SIZE_t$	-0.042* (-1.75)	-0.020* (-1.73)	-0.045** (-2.44)	-0.024*** (-2.66)
LEV_t	0.115 (1.23)	0.024 (0.53)	0.368*** (3.53)	0.163*** (3.24)
ROA_t	0.038 (0.51)	0.010 (0.28)	0.736*** (2.64)	0.326** (2.43)
BM_t	-0.126*** (-4.08)	-0.053*** (-3.48)	-0.142*** (-6.96)	-0.069*** (-7.02)
$AbsACC_t$	0.054 (0.55)	0.024 (0.48)	0.026 (0.18)	0.015 (0.21)
$Constan_t$	0.409 (0.80)	0.209 (0.84)	0.644* (1.71)	0.371** (2.04)
YEAR/IND	Yes	Yes	Yes	Yes
N	2 757	2 757	2 709	2 709
$Adj\text{-}R^2$	0.170	0.174	0.137	0.156

注：***、**、*分别表示在1%、5%、10%的水平上显著，括号内数值为t值。

第六节　本章小结

作为我国资本市场开放的一种创新形式，沪港通政策对标的证券股价崩盘风险的影响，是一个重要的实证命题，回答这个问题对弄清我国资本市场信息效率具有重要的现实意义。相较于已有文献考察股票市场开放对个股波动性和收益率的影响，本章侧重探讨股价崩盘风险这一反映股票收益率累积情况的极端影响，更有利于深刻认识事物发展的本质与规律。与此同时，股价崩盘风险的影响因素一直是学术界、监管层以及社会公众关注的热点问题。因此，基于倾向得分匹配与双重差分模型，探讨沪港通政策对标的证券股价崩盘风险的影响，既呼应了现实诉求，亦是对股价崩盘风险影响因素研究的贡献。

本章基于有效市场假说、流动性假说等理论，以 2011—2016 年沪深两市上市公司样本为基础数据，运用双重差分模型，研究沪港通机制对标的公司股价崩盘风险的影响。首先在“坏消息窖藏理论”框架下分析了股价崩盘风险的成因源于管理层隐瞒负面消息，当负面消息累积到一定程度后会瞬间爆发，造成股价崩盘。因此委托代理冲突与信息不对称是影响股价崩盘的两大根源。其次，基于中国特色资本市场开放形式，论述了沪港通机制可能影响标的公司股价崩盘风险的两大因素：提升公司治理水平与股票流动性。最后，以股票负收益偏态系数和收益上下波动率衡量公司层面的股价崩盘风险，进行实证检验，并以信息环境作为调节变量，探讨其对沪港通与股价崩盘风险关系的调节效应。此外，在进一步分析中，从治理水平与流动性两个方面考察了沪港通机制影响股价崩盘风险的具体路径。

本章实证结果显示，无论是全样本还是运用倾向得分配对样本控制内生性问题后，沪港通机制均显著降低了标的证券股价崩盘风险，并且这种效应在信息环境差的组别更显著。通过实验模型的重新选择、实验时间的重新设定等安慰剂检验以及替换股价崩盘风险度量指标、剔除特殊数据、更换控制组等稳健性测试，结论依然不变。本章从公司治理水平、流动性水平等方面探寻了沪港通机制对股价崩盘风险的作用路径，发现沪港通主要通过改善信息环境、提升流动性水平影响股价崩盘风险，而治理效应路径并不明显。其可能的原因在于，沪港通政策还处于初期，对公司治理水平的提升还需时间。

本章系统检验了沪港通政策与标的证券股价崩盘风险的因果关系及其作用机理，丰富了沪港通政策经济后果研究的文献。但本章的研究仍有一些不足之处。一方面，沪港通政策的实施时间还很短，目前处于初期，对我国资本市场资源配置效率以及实体经济的影响可能在很多方面还没显现出来，还须进一步检验。另一方面，沪港通政策可能具有一定的溢出效应，这是运用双重差分模型力求解决的问题，亦是此类研究的难点所在。

第六章

研究总结

一、主要研究结论

上交所、深交所成立30余年来，中国资本市场对外开放脚步从未停歇，中国资本市场的发展一直在乘风破浪中砥砺奋进、稳步前行。近年来，资本市场对外开放更是动作频频。2014年11月，沪港通正式启动，拉开了新一轮高水平资本市场对外开放的序幕；2016年12月，深港通启动，深化了中国内地与发达资本市场的联动；2017年6月，A股成功纳入MSCI全球指数，促进海外机构投资者参与中国内地资本市场；2018年9月，全球第二大指数公司富时罗素宣布将A股纳入其全球股票指数系列，进一步深化了资本市场开放。资本市场对外开放进程如此迅速，折射出我国金融业开放的决心，彰显了我国金融业对外开放的自信和底气。因此，对于不断深化的资本市场开放实践，亟须系统的理论进行全面指导。然而，现有文献研究沪港通机制对我国实体经济与股市效率的影响及其作用机理还不清晰，尚未形成完整的体系，相关研究比较单薄，有必要结合经济学基础、金融学理论和公司财务学方法进行系统研究，以期更全面深入地理解资本市场开放的经济后果，更好地指导资本市场开放实践，促进我国资本市场健康有序发展。

本书以沪港通政策实施为切入点，系统研究了资本市场开放的经济后果，并在不同研究阶段形成了一定的观点和结论，现归纳总结如下。

（一）沪港通机制与分析师预测行为

第一，沪港通政策实施提高了标的公司分析师关注度。本书的逻辑在于：从需求角度来看，中国经济的持续增长提升了本国资产在全球市场中的吸引力，沪港通政策的启动极大地满足了海外投资者分享中国经济增长成果的意愿。这些国际机构投资者在配置资产之前首先要了解并熟悉投资标的，研读分析师盈余预测报告。因而资本市场开放刺激了市场对分析师服务的需求。从供给角度来看，在强制性信息披露要求下，标的公司不得不向外界提供更多的信息，分析师对私有信息的搜集就会减少，分析师服务供给成本减少，供给数量增加。因此，分析师服务供给与需求函数同时向右移动，导致分析师均衡数量增加。

第二，沪港通政策实施降低了分析师预测分歧度。分析师预测分歧度的影响因素包括预测模型和信息源的差异，因此本部分的分析逻辑围绕这两方面展开。首先，标的公司披露的公共信息越多，分析师进行盈余预测所依据的信息重合度就越高，预测差异性也将因此而降低；其次，国内分析师使用的预测模型差别较大，在国际投资者眼中并不理想，对于券商分析师而言，尤其是覆盖海外业务的分析师，预测模型的改进与趋同成为行业发展方向。预测模型与信息源差异度的减少，降低了分析师预测分歧度。

第三，沪港通政策实施提高了分析师预测精确度。一方面，在境外机构投资者、政府部门、媒体监督下，标的公司信息披露质量提升，不仅提升了公共信息的精确性，也提升了私有信息的精确性，从而降低了分析师整体预测误差；另一方面，资本市场对外开放程度加深，分析师行业发展迎来机遇，提高自身业务能力、推动行业国际化发展已成为行业重要课题。学习国外先进的预测模型与方法，势必会提高分析师预测精确度。同时，通过分组发现，对于乐观组，沪港通有利于纠正分析师乐观偏差，降低盈余预测值，使其向更接近真实值的方向移动；对于悲观组，沪港通有利于纠正分析师悲观偏差，提高盈余预测值，使其向更接近真实值的方向移动。

（二）沪港通机制与融资约束

第一，沪港通机制启动纾解了标的公司融资约束。本部分的逻辑在于：一方面，开放的市场吸引了众多分析师、媒体、承销商、审计机构等中介机构跟踪上市公司，加强对上市公司内部信息的挖掘。这些信息中介机构具备专业化、规模化等特点，能够以较低的成本发掘、解读公司私有信息，显著改善公司信息环境。因而沪港通机制能够改善上市公司信息环境，降低信息不对称程度。另一方面，由于众多境外机构投资者的介入，资本市场开放相当于为那些标的公司新增了一个外部治理机制，有利于缓解公司代理冲突。同时，新兴市场与发达市场互联互通，有利于完善两地监管机构跨境合作机制，加大监管执法力度。特别是那些允许外国投资者购买的标的公司，必将成为各项金融基础设施改革的排头兵，亦成为监管部门重点监管的对象。外部监管压力的增强，有助于约束公司管理层的不良行为，降低公司代理冲突。

第二，沪港通机制对公司融资约束的缓解主要通过信息环境与代理冲突两条路径实现。通过分组分别验证了信息环境与代理冲突两条作用渠道。研究发现，沪港通机制对融资约束的影响在信息环境差的组显著，但在信息环境好的组并不显著；同样，沪港通对融资约束的影响在代理成本高的组显著，但在代理成本低的组并不显著。这就表明了信息环境与代理冲突两大影响机理均成立。

第三，沪港通机制启动增加了标的公司融资额度、降低了标的公司融资成本、优化了标的公司融资结构。拓展性分析中，进一步检验了沪港通影响融资约束的具体路径。“融资难、融资贵”是制约发展中国家企业发展的重要难题，如何破解融资约束问题一直是理论与实务界关注的焦点。本部分结论表明沪港通政策启动整体提升了标的公司融资额度，有利于企业在资本市场筹集更多权益资金，但是沪港通机制对债务融资额度的影响并不显著。

在有摩擦的资本市场中，除了外源性融资额度受到限制，内外部融资成本的差异亦是导致内外部资金不能完美替代的重要原因。当外部融资成本太高时，原本能够获利的项目可能会变得无利可图，公司利润空间受到极大压缩。本部分结论表明沪港通机制开通显著降低了标的公司加权平均资本成本以及权益资本成本，但对债务资本成本的影响仅在10%的水平上显著。融资结构性矛盾突出、融资工具比例失衡是我国企业发展过程中出现的又一难题。发展中国家的特点决定了我国依然是以银行为主体的债权型融资结构，大部分融资都是通过银行贷款方式完成的，银行系统既承担了短期流动性融资功能，又承担了长期资本性融资功能。本部分结论表明沪港通机制增强了标的公司在股票市场上的融资能力，减少了对负债资金的依赖程度，较好地改善了我国资本市场普遍存在的融资结构失衡问题。

（三）沪港通机制与股价崩盘风险

第一，沪港通机制启动降低了标的公司股价崩盘风险。本部分的逻辑在于：首先，资本市场开放吸引了众多来自发达国家和地区的境外机构投资者，这些机构投资者拥有较成熟的投资理念、较强的投资者保护意识。为维护自身利益，它们可能会积极参与上市公司治理，要求管理层提供更加透明的财务信息。其次，也会带来众多分析师、媒体、承销商、审计机构等中介机构跟踪上市公司，加强对上市公司的监督，约束管理层盈余管理动机，改善公司信息环境。再次，沪港通的实施为那些真正需要资金的公司提供了自律的动力，因为其必须让国际投资者清楚，它们的投资存在足够的保护措施。换言之，在整体公司治理水平不佳的市场环境中，任何优于市场平均表现的行为相当于向外界发出了明晰的信号，从而可以吸引更多的外国投资。最后，资本市场开放亦能显著改善上市公司股票流动性，股票流动性越高，知情交易越活跃，股价越能及时反映公司特有信息，市场信息不对称程度降低。

第二，沪港通机制对公司股价崩盘风险的抑制主要通过信息环境与流动性水平两条路径实现，治理水平这条路径并不明显。本部分聚焦信息环境、治理水平、流动性水平三条路径考察沪港通机制对公司股价崩盘风险的影响机理。运用交乘项以及分组回归发现，沪港通机制主要通过信息环境和流动性水平两条路径作用于公司股价崩盘风险，而治理水平作用并不明显。可能的原因在于，沪港通政策的实施尚处于初期，尽管吸引了大量国际资本参与 A 股价格竞争，吸引了证券分析师、媒体等社会中介机构关注上市公司，但公司治理水平的整体提升并非一蹴而就，可能还需时日。

二、政策建议

沪港通政策启动至今，对维护我国资本市场健康稳定发展、推动实体经济繁荣发展发挥了重要的作用。然而，作为我国资本市场开放的创新形式，沪港通机制的政策效应可能并未完全释放。究其原因主要有以下两方面。

其一，我国资本市场尚未成熟，投资者结构不合理，金融基础设施薄弱。中国的资本市场仅仅走过了 30 余年的路程，还很年轻，投资者结构以个人投资者为主体，机构投资者占比较小，散户为主体的投资者结构加剧了市场的不确定性。此外，资本市场制度较为薄弱，具体表现在：体制方面，行政干预色彩较为浓重，股票市场往往受政府态度及“国家队”资金影响而变化；机制方面，由于体制落后，导致竞争机制失效，约束机制弱化，激励机制不健全；规则方面，至今尚未建立一套系统的法律体系，缺乏完整有效的市场监管体系与制度化的投资者保护机制。

其二，沪股通试点公司范围偏小，沪股通资金成交活跃度偏低，每日额度使用率较小。目前，沪股通标的股票数量约有 500 只，而沪市一共有1400余只股票，也就是说，沪股通投资标的仅占沪市股票总数的约36%，国际投资者投资范围选择空间还比较有限。此外，沪股通资金成交金额总体偏小，截至2018年6月30日，沪股通资金日均成交金额约为60.4亿元，同期的沪市日均成交总金额约为2818.69亿元[①]，沪股通资金日均成交金额约占沪市成交总金额的2%。再者，沪股通资金每日额度使用率非常低。截至2018年6月30日，在过去的955个交易日里，沪股通资金净流入总额约为2900亿元，日均净流入仅为3.04亿元。如果以2018年4月10日（在这天中国证监会宣布每日额度由130亿元扩大到520亿元）为分界点，把沪股通资金所经历的交易日划分为两个阶段，不难发现，在前849个交易日里，沪股通资金日均净流入约为2.12亿元，每日额度使用占比约为1.63%（2.12÷130）；在后面的106个交易日里，沪股通资金日均净流入约为10.42亿元，每日额度使用占比约为2%（10.42÷520）。由此可见，沪股通资金每日额度的使用率非常低，即使每日额度扩大到4倍以后，每日额度的使用率依然没有明显提高。

除上述两个主要原因以外，券商、分析师、审计师、承销商等中介机构的服务水平以及上市公司的信息披露制度等均会影响沪港通机制的功能发挥。为进一步发挥沪港通政策在我国要素市场的资源配置功能，提升资本市场服务实体经济的能力，结合本书实证得出的结论，从以下三个角度提出建议。

（一）政府部门角度

1. 在风险可控范围内，逐步扩大试点公司范围，提升每日额度

我国不成熟的资本市场体系决定了资本市场开放模式不能像发达国家一样，采取激进全面的直接开放模式，而是选择渐进有限制开放模

---

① 数据来源：根据国泰安数据库相关数据计算整理得到。

式。这种模式在开放之初，对投资范围和比例都有约束，但随着金融基础设施的不断完善，中国应对金融风险的能力逐渐增强，有必要渐次增加沪股通投资标的，满足国际投资者多样化的投资需求。同时，在市场时机成熟时，渐次提高沪股通每日额度，直至完全放开额度管制，从而实现全面开放，以充分发挥沪港通机制的市场稳定、信息改善、风险管理及价值提升等功能。

2. 在发达资本市场的示范效应下，净化国内市场生态环境，完善金融市场的基础设施

监管部门应多措并举，着力完善资本市场各项基础制度改革，以吸引更多国际投资，真正把国际顶尖机构引进来，提高沪港通标的股活跃度，激发资本市场内生动力，提升资本市场服务实体经济的能力。

首先，健全资本市场退市制度。退市制度是资本市场的根基性制度，吐故纳新、优胜劣汰是资本市场健康发展的基础。然而，我国自2001年启动退市制度以来，迄今为止仅有113家上市公司退市，剔除某些因吸收合并而退市的公司后，实际仅有76家上市公司被勒令退市，18年时间里每年仅有4家公司退市，年均退市率仅为0.14%，相比美股高达6.24%的退市率①，A股退市比例非常低。A股退市难源于退市制度缺乏有效性以及退市去向单一等问题。我国现有制度侧重财务类退市指标，而这类指标容易被操控，为企业逃避退市提供了可能。相比之下，市场类退市指标更为高频有效。因此，退市制度改革应加强市场类指标的作用，并且建立“梯级”转板机制，解决退市去向问题，逐步形成“有进有退”的常态化、市场化退市制度。

其次，完善投资者保护制度。监管者要建立对中小投资者事前、事中、事后全程保护制度，推动上市公司以投资者为导向进行信息披露，加大对侵害投资者利益的违规行为的惩罚力度，同时，鼓励投资者自我

① 数据来源：Wind，中国银行国际金融研究所。

保护，将“自为”保护与“他为”保护结合起来。

最后，全面推进资本市场法律建设。资本市场的长治久安离不开完善的法律体系。在资本市场国际化进程中，亟须推出配套的法律体系。因此，监管部门需要抓紧完善证券法，尽快起草期货法，公司法、破产法和刑法的联动修订也应加快，构建立体式法律体系，以提升我国资本市场法律制度的科学性与系统性，为沪港通、深港通的平稳运行保驾护航。

3. 着力提升证券监管有效性

开放后的资本市场新业务、新现象、新业态层出不穷，证券监管也会面临新问题、新情况、新矛盾。这就需要监管部门与时俱进、重典治乱、猛药去疴，切实提升监管有效性。首先，良好的资本市场环境是实现有效监管的前提。监管部门应加强资本市场诚信建设，建立资本市场诚信数据库、资本市场失信记录查询平台，在市场活动的关键环节、行业领域创新诚信约束机制，努力营造诚信、守法的市场环境。其次，学习发达国家的市场监管模式，推动沪港两地跨境监管合作，构建开放型资本市场体系下的监管制度。监管部门应提高沪港通日常交易监控报告的准确性与及时性，拓宽包括日常监管、举报、投诉、媒体报道等的线索发现渠道。此外，监管部门在执法过程中还应遵从审慎监管原则，保持监管独立性，否则将会导致监管宽容、激励扭曲，甚至产生道德风险与逆向选择。

（二）上市公司角度

1. 完善信息披露制度，提高信息披露质量

本书结论表明，信息环境是沪港通机制缓解标的公司融资约束的重要渠道，亦是沪港通机制降低标的证券股价崩盘风险的重要路径。因此，沪港通启动后，上市公司在证券分析师、媒体等各市场信息中介的

跟踪关注下，应当规范与完善信息披露制度，提高信息透明度，改善信息环境。具体而言，一方面，上市公司应纠偏“重募资、轻回报”的急功近利心态，建立良好的投资者回报机制，并以此为导向遏制其为募集资金披露虚假财务报告、欺诈发行上市等行为；另一方面，针对目前信息披露中普遍存在的可读性不强、可比性不足、及时性不够，关键信息模糊、冗余信息较多，定量信息较少、定性信息较多，以及诸如研发投入、客户关系、人力资源、商业模式等对投资者有价值的非财务信息较为简略等现象，上市公司应建立信息披露自我评价体系，改进会计政策、会计估计披露要求，完善非经常性损益的认定与列报。同时，细化公司董事、监事、高级管理人员的信息披露责任，明确其违反信息披露的法律后果。

2. 提升公司治理水平，缓解代理冲突

本书结论表明，减少代理冲突是沪港通机制缓解标的公司融资约束的重要渠道，因此，上市公司应在国际机构投资者以及政府监管部门的严格监督下，着力提升公司治理水平，减少代理冲突。

具体而言，一方面，以资本市场开放为契机，优化上市公司股权结构。上市公司股权结构是公司治理水平的重要决定因素，亦会深刻影响所有者与经营者之间的委托代理关系。股权过于集中或过于分散均会带来不良后果。过于集中的股权结构，由于缺乏权力制衡，会产生一股独大、不正当的关联交易等现象；反之，股权过于分散，虽会削弱股东对公司的控制权，但每个股东都不会因为自己对管理层的监督而获得太多收益，“搭便车”成了各股东理性的选择，从而丧失了股东对经营者监督的积极性，导致经营者独揽大权的“内部人控制”现象，使企业陷入无序经营状态。理想的股权结构应当是既不过于集中也不过于分散的中间状态。因此，上市公司应当借助沪港通政策，吸引国际机构投资者购买其公司股票，使其成为重要战略股东，实现优化公司治理结构之目的。

另一方面，建立长效的激励约束机制。激励机制是委托人调动管理层积极性的手段之一，其目的是使管理层把追求自身利益最大化转变为追求企业价值最大化；约束机制是委托人利用契约方式使管理层承担一定的法律责任，其目的在于约束、规范代理人行为，使其按照委托人意愿开展经营活动。激励机制与约束机制相辅相成，缺一不可。激励约束机制实质上是为了使委托代理双方利益趋于一致，缓解代理冲突。因此，上市公司应当建立行之有效的激励约束机制，最大程度地发挥沪港通对融资约束的缓解效应。

（三）中介机构角度

作为资本市场重要的信息中介机构，证券分析师对投资者的预测与决策发挥了不可替代的作用，显著影响了资产价格的变动以及资源配置效率。然而，分析师的作用远不局限于此。其通过持续跟踪与关注，作用于公司的代理冲突与信息不对称等方面，深刻影响了企业的内外部环境以及管理层的财务行为。本书实证结论亦表明，沪港通机制启动，会带来更多的分析师跟踪，而分析师通过信息收集与处理提高了公司信息透明度，缓解了信息不对称，有利于降低股价崩盘风险；同样，分析师关注具有外部监督作用，加大了对经理人的市场约束，有助于缓解内部代理冲突。因此，在资本市场开放背景下，为更好地发挥分析师的积极作用，本书提出以下建议。

1. 扩大分析师行业服务范围，适应资本市场开放的需要

我国资本市场的持续对外开放，使得本土券商无法继续守着家门口的一亩三分地。对于在国际化道路上探索多年的券商们，沪港通的推出将迎来其行业发展真正的拐点。券商的经纪业务及融资融券业务均会获得较大推动。尤其是在中国香港设立分支机构的大型券商，更有利于其

国际化路线的推进。同时，跨境投资客户数量显著增加，跨境研究需求也将大幅增长，这对行业分析师既是机遇，又是挑战。因此，为适应资本市场开放的需要，分析师行业必须扩大服务范围，使其既能兼顾A股、H股，又能覆盖海外市场，同时，在宏观、策略及重点行业上还有不同分析师兼顾特定市场，并且还能胜任战略规划、兼并收购、管理咨询、融资顾问、公司重组等多种业务，力求在提供个性化、专业化服务方面树立自己的口碑，以满足海外投资者的差异化需求。

2. 加大培训力度，提高分析师专业水平，应对资本市场开放的挑战

国际投资者的持续进入，将带来新的需求与新的研究方法，势必会给分析师行业带来冲击，具体表现在以下三方面：其一，基于离岸市场的跨境研究与本土投资者服务方式差异较大。其二，基于离岸市场与中国市场之间的估值定价分析方法迥异。国际机构投资者在资产配置之前可能首先要进行估值分析，然而，过去国内市场从不与境外企业进行对比。沪港通实施后，中国的银行业、地产业与日本、欧美同行业企业在不同状况、不同环境下如何对比？如何估值？其三，跨境投资者对财务数据的分析有更细致的要求，在使用一家机构的研报之前首先要看分析师预测模型，然而国内分析师的预测模型在国际投资者眼中并不理想。以上三方面的差异都是A股分析师在国际化过程中亟待解决的问题。因此，为应对资本市场开放的挑战，国内分析师亟须加强业务培训，遵循国际惯例，学习国外先进的预测模型与方法，提高自身专业水平。另外，为更好地服务境外投资者，国内分析师还须攻克语言关，能够熟练地运用英语进行投资分析，撰写盈余预测报告。

3. 加强行业自律监管，进一步提升服务质量

现实资本市场中，由于分析师行为会影响多方经济利益，因而不可避免地受到客户、公司以及内部条件的约束与影响。证券分析师、市场投资者、上市公司管理层三者之间的互动影响着资产价格变动以及整个

市场资源配置效率。复杂的利害关系之下，分析师行业的代理人关系及职业道德必将受到威胁，仅靠法律管制其作用是有限的。为进一步提升服务质量，提供让国际投资者满意的产品，行业分析师应当加强自我约束、自我管理。具体而言，一方面，持续完善产品和业务体系，全面落实风控要求。当前我国证券经纪业务尚处于初级阶段，行业发展还不成熟，制度建设、管理水平、经营方式还须全面提高。证券分析师需要严格落实行业风控要求，促进行业转型与高质量发展。另一方面，树立遵纪守法意识，坚决杜绝商业贿赂、利益输送等违法违规行为。证券分析师应当在职业伦理约束范畴内执行业务，保持“利益不相关性”和“独立性”，以客观的分析和独立的判断，竭诚为客户服务，为资本市场的发展竭心尽力。

三、研究创新与不足

（一）本书可能的创新点

本书以市场微观结构理论的核心研究内容——信息环境为纽带，在研究过程中，立足会计学、财务学等本领域的学科基础，综合运用经济学、金融学、统计学等跨学科知识，系统构建了理论框架，严格推导了理论假设，深入剖析了影响机理，充分提供了实证证据，全面阐释了经济后果。具体来看，本研究的创新点主要体现在以下几方面。

第一，本书借助“沪港通”试点这一准自然实验，采用 PSM-DID 模型，检验资本市场开放的经济后果，能够有效缓解这一研究领域面临的内生性问题。具体来看，以同一国家上市公司作为研究样本进行分析，控制了经济发展、制度环境、宗教文化等遗漏变量带来的潜在偏误；此外，沪港通的推出给资本市场开放程度提供了一个外生冲击，排除了反向因果关系存在的可能；而且，逐步开放的试点机制天然地区分了实验组与控制组，自动规避了资本市场开放程度的测量误差。

第二，本书基于沪港通这一政策事件，构造双重差分模型，探讨其对分析师预测行为、融资约束以及股价崩盘风险的影响，全面厘清了资本市场开放作用于实体经济以及股票市场效率的传导机理。并且在内容上深化了分析师预测行为、融资约束、股价崩盘风险影响因素的研究链条，有效补足了现有相关领域的文献体系；在方法上弱化了境外投资者持股对我国资本市场影响研究领域可能存在的内生性问题。同时，本书结论也为"外国机构投资者是蝗虫"的观点提供了反驳证据。

第三，国外关于资本市场开放的研究已经非常丰富，但关于世界最大新兴经济体——中国的经验证据较为鲜见。中国正在加速推行新一轮高水平对外开放，亟须系统的理论体系指导其国际化进程。而沪港通作为我国资本市场开放的创新形式，必将对资本市场改革与发展产生深远影响。因此，全面深入剖析沪港通的政策效果具有重大战略意义。本书结论揭示了沪港通机制传导到股票市场与实体经济的作用路径，为充分发挥沪港通的市场稳定功能、风险管理功能、信息改善功能、价值提升功能，促进资本市场健康发展提供了理论基础与实证支持，也为我国进一步扩大资本市场双向开放提供了政策启示。

（二）本书局限性

在整个研究过程中，由于作者的实证基础、认知能力、时间精力有限，本书可能存在以下几方面的局限性，有待在以后的研究中改进与完善。

第一，方法的不完美性。首批试点标的公司有500余家，但这项政策的推出可能也会冲击到控制组公司，即政策有溢出效应。尽管本书运用倾向得分匹配方法、动态DID模型等多种方法试图缓解其中可能存在的内生性问题，但依然无法让本书的实证设计做到尽善尽美，这是在今后的研究中力求完善的地方。

第二，数据获取的局限性。本书仅仅从是否为处理组单一维度检验沪港通的政策效果，如果能进一步从沪股通资金持股比例大小维度去考察政策的经济后果，可能结论更为稳健。遗憾的是，中国香港联合交易所平台从 2017 年 3 月 17 日起才开始提供沪股通资金持股比例查询。在此之前，尽管能从东方财富网站 Choice 金融终端、上市公司前十大股东资料中手工搜集得到部分沪股通资金持股比例，但样本太少，而且不一定准确。因此，本书无法从沪股通资金持股比例去考察其对实体经济与股市效率的影响。

第三，研究范围的局限性。本书在委托代理理论与信息不对称理论框架下，从股票市场效率与实体经济两方面选取了具有代表性的研究领域，检验沪港通政策的经济后果。但是，资本市场开放的经济后果研究对象远不止分析师预测行为、融资约束以及股价崩盘风险，还可以拓宽视野，从更多方面研究沪港通政策的经济后果。

四、未来展望

沪港通机制启动至今，尚处于政策初期阶段，无论是对股市效率还是实体经济的影响，很多方面的效果还未完全显现。尽管本书系统研究了沪港通机制对标的公司信息环境、融资约束、股价崩盘风险的影响，但对资本市场开放经济后果的研究，依然只是冰山一角。本书的探索仅仅是一个开始，并非终点。未来的研究还可以在以下几方面扩展与深化。

第一，沪港通政策的治理效应。作为一项外部治理机制，沪港通政策给标的公司的治理水平带来了哪些方面的优化？标的公司管理层在国际机构投资者监督与监管部门的高压之下，是否真正产生了自律行为？未来的研究可以就此展开，研究沪港通机制如何影响代理成本，内部控制质量有没有提升，现金股利政策是否发生了变化，公司违规行为是否减少，会计信息可比性有没有提高。更远一点，资本市场开放会否推动公司创新、促进创新产出，以及诸如此类问题在不同产权性质的企业、不同市场开放进程的地区是否有显著差别，等等。

第二，沪港通政策的价值实现。资本市场开放政策实施能否提升企业价值？借助沪港通机制可以进行这方面的研究。进一步分析，沪港通政策对公司价值影响的路径是什么，以及对于股票市场价值与债务市场价值的影响是否有区别，还可以再次拓展。沪港通启动有没有影响公司现金持有的市场价值？内在的逻辑又是什么？甚至还可以研究沪港通政策对公司绩效的影响等。同样，诸如此类问题在不同产权性质的企业、不同市场开放进程的地区是否有显著差别。

第三，沪股通资金持股比例不同带来的政策效果差异。沪股通资金持股比例大小会对公司的信息环境、治理环境、管理层财务行为带来不同的影响。有些公司可能只是名义上被列入了处理组，但并未获得沪股通资金的太多关注，即使持有少量资金，也不排除是散户所为。自2017年3月17日起可以在中国香港联合交易所查询沪股通资金持股比例，这就为未来的研究提供了良好的契机。因此，今后的研究可以从持股比例入手，深入分析持股比例的不同所产生的政策效果差异。

参考文献

中文文献

[1] 白重恩，刘俏，陆洲，等．中国上市公司治理结构的实证研究[J]．经济研究，2005(2)：81-91.

[2] 蔡卫星，曾诚．公司多元化对证券分析师关注度的影响：基于证券分析师决策行为视角的经验分析[J]．南开管理评论，2010，13(4)：125-133.

[3] 曹丰，鲁冰，李争光．机构投资者降低了股价崩盘风险吗？[J]．会计研究，2015(11)：55-61.

[4] 陈辉，顾乃康，万小勇．股票流动性、股权分置改革与公司价值[J]．管理科学，2011，24(3)：43-55.

[5] 陈镜宇．资本账户开放能促进经济长期增长吗：基于新古典增长理论的研究[J]．经济经纬，2017(5)：62-67.

[6] 陈培如，田存志．交叉上市、股价信息含量与公司价值：基于面板数据联立方程模型[J]．经济与管理研究，2013(11)：40-50.

[7] 陈学胜，张建波，董文龙．资本市场开放降低了企业融资约束吗：基于中国上市公司的实证研究[J]．证券市场导报，2012(11)：32-38.

[8] 程新生，谭有超，刘建梅．非财务信息、外部融资与投资效率：基于外部制度约束的研究[J]．管理世界，2012(7)：137-150.

[9] 池国华，王志，杨金 . EVA 考核提升了企业价值吗？[J]. 会计研究，2013(11)：60-66.

[10] 邓川，孙金金 . QFII 持股、产权性质与企业融资约束[J]. 管理世界，2014(5)：180-181.

[11] 董秀良，张婷，孙佳辉 . 中国企业跨境交叉上市改善了公司治理水平吗：基于分析师预测准确度的实证检验[J]. 中国软科学，2016(9)：99-111.

[12] 董秀良，张婷，关云鹏 . 沪港通制度改善了我国股票市场定价效率吗？[J]. 上海财经大学学报，2018(4)：77-92.

[13] E. S. 肖 . 经济发展中的金融深化[M]. 上海：格致出版社，1988.

[14] 方军雄 . 我国上市公司信息披露透明度与证券分析师预测[J]. 金融研究，2007(6)：136-148.

[15] 方艳，贺学会，刘凌 ."沪港通"实现了我国资本市场国际化的初衷吗：基于多重结构断点和 t-Copula-aDCC-GARCH 模型的实证分析[J]. 国际金融研究，2016(11)：76-86.

[16] 方艳，贺学会，吴文彬 . 资本市场对外开放过程中的预期效应、套利效应与政策效应：基于沪港通事件的分析[J]. 上海财经大学学报，2018(4)：94-110.

[17] 何丹，张力上，陈卫 . 交叉上市、投资者保护与企业价值[J]. 财经科学，2010(3)：16-22.

[18] 何孝星，余军 . 资本市场开放、本币升值与居民资产结构调整：分析中国股市上涨的三重视角[J]. 金融研究，2008(1)：42-52.

[19] 何孝星，叶展 . 股权激励会影响企业融资约束吗：基于我国上市公司的经验证据[J]. 经济管理，2017(1)：84-99.

[20] 胡军，王甄，陶莹 . 微博、信息披露与分析师盈余预测[J].

财经研究，2016，42(5)：66-76.

[21] 胡志颖．女性 CEO、社会信任和公司融资约束[J]．经济管理，2015(8)：88-98.

[22] 黄文青．境外股东异质性、企业性质与公司治理效率：基于中国上市公司的实证检验[J]．财经理论与实践，2017，38(1)：74-79.

[23] 姜付秀，黄继承．经理激励、负债与企业价值[J]．经济研究，2011(5)：46-60.

[24] 姜付秀，石贝贝，马云飙．信息发布者的财务经历与企业融资约束[J]．经济研究，2016(6)：83-97.

[25] 雷雷，邹红，栾炳江．沪港通是个股“强心剂”吗[J]．财经科学，2018(2)：15-27.

[26] 李小荣，刘行．CEO vs CFO：性别与股价崩盘风险[J]．世界经济，2012(12)：102-129.

[27] 李媛．沪港通究竟带来了什么：对双重上市公司股票价格差异的研究[J]．经济体制改革，2017(2)：122-130.

[28] 李争光，赵西卜，曹丰．机构投资者异质性与会计稳健性：来自中国上市公司的经验证据[J]．南开管理评论，2015，18(3)：111-121.

[29] 连玉君，苏治，丁志国．现金-现金流敏感性能检验融资约束假说吗？[J]．统计研究，2008，25(10)：92-99.

[30] 林毅夫，李永军．中小金融机构发展与中小企业融资[J]．经济研究，2001(1)：10-18.

[31] 刘海飞，柏巍，李冬昕，等．沪港通交易制度能提升中国股票市场稳定性吗：基于复杂网络的视角[J]．管理科学学报，2018(1)：97-110.

[32] 吕秀华，张峥，周铭山．交叉上市降低了控股股东与中小股

东的代理冲突吗[J]. 财经科学，2013(8)：39-47.

[33] [美]罗纳德·I. 麦金农. 经济发展中的货币与资本[M]. 卢骢，译. 上海：上海人民出版社，1997.

[34] 权小锋，尹洪英. 中国式卖空机制与公司创新：基于融资融券分步扩容的自然实验[J]. 管理世界，2017(1)：128-144.

[35] 沈红波，廖理，廖冠民. 境外上市、投资者保护与企业溢价[J]. 财贸经济，2008(9)：40-45.

[36] 石桂峰，苏力勇，齐伟山. 财务分析师盈余预测精确度决定因素的实证分析[J]. 财经研究，2007，33(5)：62-71.

[37] 宋献中，胡珺，李四海. 社会责任信息披露与股价崩盘风险：基于信息效应与声誉保险效应的路径分析[J]. 金融研究，2017(4)：161-174.

[38] 孙健，王百强，曹丰. 公司战略影响股价崩盘风险吗？[J]. 经济管理，2016(12)：47—61.

[39] 苏冬蔚，熊家财. 股票流动性、股价信息含量与 CEO 薪酬契约[J]. 经济研究，2013(11)：56-70.

[40] 覃家琦，邵新建. 中国交叉上市公司的投资效率与市场价值：绑定假说还是政府干预假说？[J]. 经济学季刊，2016(2)：1137-1176.

[41] 谭小芬，刘汉翔，曹倩倩. 资本账户开放是否降低了 AH 股的溢价：基于沪港通开通前后 AH 股面板数据的实证研究[J]. 中国软科学，2017(11)：39-53.

[42] 吴思，陈震. 交叉上市、股权制衡与企业成本粘性[J]. 当代财经，2018(2)：124-133.

[43] 吴锡皓，胡国柳. 不确定性、会计稳健性与分析师盈余预测[J]. 会计研究，2015(9)：27-34.

[44] 王开国. 新兴市场国家和地区证券市场的开放与金融危机：

兼议中国证券市场开放的路径选择[J]. 经济研究，2001(10)：67-74.

[45] 王亚星，叶玲，杨立. 交叉上市、信息环境与经济后果：来自 A 股、H 股市场的经验证据[J]. 证券市场导报，2012(12)：35-41.

[46] 王艳艳，于李胜，安然. 非财务信息披露是否能够改善资本市场信息环境：基于社会责任报告披露的研究[J]. 金融研究，2014(8)：178-191.

[47] 魏志华，曾爱民，李博. 金融生态环境与企业融资约束：基于中国上市公司的实证研究[J]. 会计研究，2014(5)：73-80.

[48] 夏楸，郑建明. 媒体报道、媒体公信力与融资约束[J]. 中国软科学，2015(2)：155-165.

[49] 肖浩，孔爱国，融资融券对股价特质性波动的影响机理研究：基于双重差分模型的检验[J]. 管理世界，2014(8)：143-158.

[50] 辛清泉，王兵. 交叉上市、国际四大与会计盈余质量[J]. 经济科学，2010，32(4)：96-110.

[51] 熊家财. 产权性质、股票流动性与股价崩盘风险[J]. 当代经济科学，2015，37(1)：67-77.

[52] 许从宝，刘晓星，石广平. 沪港通会降低上证 A 股价格波动性吗：基于自然实验的证据[J]. 金融经济学研究，2016(6)：28-39.

[53] 闫红蕾，赵胜民. 沪港通能否促进 A 股与香港股票市场一体化[J]. 中国管理科学，2016，24(11)：1-10.

[54] 严佳佳，郭玮，黄文彬."沪港通"公告效应比较研究[J]. 经济学动态，2015(12)：69-77.

[55] 叶康涛，曹丰，王化成. 内部控制信息披露能够降低股价崩盘风险吗？[J]. 金融研究. 2015(2)：192-205.

[56] 于蔚，汪淼军，金祥荣. 政治关联和融资约束：信息效应与资源效应[J]. 经济研究，2012(9)：125-139.

［57］岳衡，林小驰．证券分析师VS统计模型：证券分析师盈余预测的相对准确性及其决定因素[J]．会计研究，2008(8)：40-49.

［58］曾爱民，魏志华．宗教传统影响股价崩盘风险吗：基于“信息披露”和“管理自律”的双重视角[J]．经济管理，2017(11).

［59］周开国，周铭山．交叉上市能降低信息不对称吗：基于AH股的实证分析[J]．证券市场导报，2014(12)：51-59.

［60］邹萍．货币政策、股票流动性与股票价格暴跌风险[J]．南方经济，2015，33(7)：29-46.

［61］章奇．中国跨境交叉上市企业内部控制有效性实证研究[J]．经济体制改革，2017(6)：104-110.

［62］钟凯，孙昌玲，王永妍，等．资本市场对外开放与股价异质性波动：来自“沪港通”的经验证据[J]．金融研究，2018(7)：174-192.

［63］钟覃林，陆正飞：资本市场开放能提高股价信息含量吗：基于“沪港通”效应的实证检验[J]．管理世界，2018(1)：169-179.

［64］张纯，吕伟．信息环境、融资约束与现金股利[J]．金融研究，2009(7)：81-94.

［65］张金鑫，王逸．会计稳健性与公司融资约束：基于两类稳健性视角的研究[J]．会计研究，2013(9)：44-50.

［66］张立民，彭雯，钟凯．“沪港通”开通提升了审计独立性吗：基于持续经营审计意见的分析[J]．审计与经济研究，2018(5)：35-45.

［67］张璇，周鹏，李春涛．卖空与盈余质量：来自财务重述的证据[J]．金融研究，2016(8)：175-190.

［68］甄红线，王谨乐．机构投资者能够缓解融资约束吗：基于现金价值的视角[J]．会计研究，2016(12)：51-57.

英文文献

［69］ALLEN F，GALE D. Bubbles and crises[J]. Economic Journal,

2000, 110(460): 236-255.

[70] ALMEIDA H, CAMPELLO M, WEISBACH M S. The cash flow sensitivity of cash[J]. Journal of Finance, 2010, 59(4): 1777-1804.

[71] AMIHUD, Y., MENDELSON, H. Liquidity and stock returns [J]. Financial Analysts Journal, 1986, 42(3): 43-48.

[72] AMIHUD, Y. I. Liquidity and stock returns: cross section and time - series effects [J]. Journal of Financial Markets, 2002, 5(1): 31-56.

[73] ARESTIS P, DEMETRIADES P. Financial liberalization: the experience of developing countries [J]. Eastern Economic Journal, 1999, 25(4): 441-457.

[74] BAE K H, BAILEY W, MAO C X. Stock market liberalization and the information environment[J]. Journal of International Money & Finance, 2006, 25(3): 404-428.

[75] BARRON, O. E., KIM, O., LIM S. C. Using analysts' forecasts to measure properties of analysts' information environment[J]. Accounting Review, 1998, 73(4): 421-433.

[76] BEKAERT G, HARVEY C R. Foreign speculators and emerging equity markets [J]. Social Science Electronic Publishing, 2000, 55(2): 565-613.

[77] BEKAERT G, HARVEY C R, LUNDBLAD C T. Equity market liberalization in emerging markets[J]. Journal of Financial Research, 2003, 26(3): 275-299.

[78] BEKAERT G, HARVEY C R, LUNDBLAD C. Does financial liberalization spur growth? [J]. Journal of Financial Economics, 2005, 77(1): 3-55.

[79] BEKAERT G, HARVEY C R, LUNDBLAD C. Liquidity and expected returns: lessons from emerging markets [J]. Review of Financial Studies, 2007, 20(6): 1783-1831.

[80] BENA J, FERREIRA M A, MATOS P, et al. Are foreign investors locusts? The long-term effects of foreign institutional ownership [J]. Journal of Financial Economics, 2017(126): 122-146.

[81] BERNANKE B, GERTLER M. Financial fragility and economic performance[J]. Quarterly Journal of Economics, 1990, 105(1): 87-114.

[82] BUSSIÈRE M, FRATZSCHER M. Financial openness and growth: short-run gain, long-run pain? [J]. Review of International Economics, 2008, 16(1): 69-95.

[83] BHAMRA H S. Stock market liberalization and the cost of capital in emerging markets[J]. Social Science Electronic Publishing, 2009, 12(3): 1-46.

[84] BHUSHAN, R. Firm characteristics and analyst following [J]. Journal of Accounting Economics, 1989, 11(2): 255-274.

[85] BYARD, D, SHAW K W. Corporate disclosure quality and properties of analysts' information environment[J]. Social Science Electronic Publishing, 2003, 18(3): 355-378.

[86] CALLEN J L, FANG X. Crash risk and the auditor-client relationship[J]. Contemporary Accounting Research, 2016, 34(3): 1-54.

[87] CAJUEIRO D O, GOGAS P, TABAK B M. Does financial market liberalization increase the degree of market efficiency? The case of the Athens stock exchange[J]. International Review of Financial Analysis, 2009, 18(1): 50-57.

[88] CHAN L H, CHEN K C W, CHEN T Y, et al. The effects of

firm-initiated clawback provisions on earnings quality and auditor behavior [J]. Journal of Accounting & Economics, 2012, 54(3): 180-196.

[89] CHAN M K, KWOK S. Risk-sharing, market imperfections, asset prices: evidence from China's stock market liberalization [J]. Journal of Banking & Finance, 2017(84): 1-53.

[90] CHANDRA S. The impact of stock market liberalization on the efficiency of emerging stock markets[J]. Social Science Electronic Publishing, 2002: 1-34.

[91] CHANG X, TAN T J, WONG G. Effects of financial constraints on corporate policies in Australia[J]. Accounting & Finance, 2007, 47 (1): 85-108.

[92] CHARI A, HENRY P B. Risk sharing and asset prices: evidence from a natural experiment[J]. The Journal of Finance, 2004, 59(3): 1295-1324.

[93] CHEN J, HONG H, STEIN J C. Forecasting crashes: trading volume, past returns, and conditional skewness in stock prices[J]. Journal of Financial Economics, 2001, 61(6): 345-381.

[94] CHEN S, SUN Z, TANG S, et al. Government intervention and investment efficiency: evidence from China [J]. Journal of Corporate Finance, 2011, 17(2): 259-271.

[95] CHEN T, HARFORD J, LIN C. Do analysts matter for governance? Evidence from natural experiments [J]. Journal of Financial Economics, 2015, 115(2): 383-410.

[96] CLEMENT, M B. Analyst forecast accuracy: do ability, resources, and portfolio complexity matter? [J]. Journal of Accounting & Economics, 1999, 27(3): 285-303.

[97] COFFEE J. The future as history: the prospects for global convergence in corporate governance and its implications [J]. Social Science Electronic Publishing, 1999, 93(3): 641-707.

[98] CULBERTSON J M. The term structure of interest rates[J]. Quarterly Journal of Economics, 1957, 71(4): 485-517.

[99] DAEHWAN KIM, JUNG INN KIM, TAEYOON SUNG. Stock market liberalization and price response: gradualism versus cold turkey[J]. Applied Economics, 2013, 45(3): 273-285.

[100] DOIDGE C, KAROLYI G A, STULZ R M. Why are foreign firms listed in the U. S. worth more? [J]. Journal of Financial Economics, 2004, 71(2): 205-238.

[101] FAMA E. Efficient capital markets: a review of theory and empirical work[J]. Journal of Finance, 1970, 25(2): 383-417.

[102] FANG, V W, NOE, T H, TICE, S. Stock market liquidity and firm value [J]. Journal of Financial Economics, 2009, 94 (1): 150-169.

[103] FAZZARI S M, HUBBARD R G, PETERSEN B C, et al. Financing constraints and corporate investment[J]. Brookings Papers on Economic Activity, 1988(1): 141-206.

[104] FAZEEL M J, LALITH P S. Stock market liberalization and return volatility: evidence from the emerging market of Sri Lanka[J]. Journal of Multinational Financial Management, 2009, 19(5): 409-423

[105] FERNANDES, N FERREIRA, M A. Does international cross-listing improve the information environment [J]. Journal of Financial Economics, 2008, 88(2): 216-244.

[106] FIGUEIRA, C, NELLIS, J PARKER D. The effects of ownership

on bank efficiency in Latin America[J]. Applied Economics, 2009, 41(18): 2353-2368.

[107] FOERSTER, S R, KAROLYI, G A. The effects of market segmentation and investor recognition on asset prices: evidence from foreign stocks listing in the United States[J]. Journal of Finance, 1999, 54(3): 981-1013.

[108] FOLEY-FISHER N, RAMCHARAN R, YU E. The impact of unconventional monetary policy on firm financing constraints: evidence from the maturity extension program[J]. Journal of Financial Economics, 2016 (122): 409-429.

[109] FRENCH K R, SCHWERT, G W, STAMBAUGH R F. Expected stock returns and volatility[J]. Journal of Financial Economics, 1987, 19 (1): 3-29.

[110] GORODNICHENKO, Y, & SCHNITZER, M. Financial constraints and innovation: why poor countries don't catch up. Journal of the European Economic Association, 2013, 11(5): 1115-1152.

[111] GOZZI J C , LEVINE R, SCHMUKLER S L. Internationalization and the evolution of corporate valuation[C]. National Bureau of Economic Research, Inc, 2008(26): 607-632.

[112] GREGORY A J, MICHAIL K. Financial liberalization and stock market volatility: the case of Indonesia[J]. Applied Financial Economics, 2010, 20(6): 477-486.

[113] GUL F A, KIM J B, QIU A A. Ownership concentration, foreign shareholding, audit quality, and stock price synchronicity: evidence from China [J]. Journal of Financial Economics, 2010, 95(3): 425-442.

[114] GUPTA N, YUAN K. On the growth effect of stock market liber-

alizations[J]. Review of Financial Studies, 2009, 22(11): 4715-4752.

[115] HADLOCK C J, PIERCE J R. New evidence on measuring financial constraints: moving beyond the KZ index[J]. Review of Financial Studies, 2010, 23(5): 1909-1940.

[116] HAHN J, LEE H. Financial constraints, debt capacity, and the cross-section of stock returns[J]. Journal of Finance, 2010, 64(2): 891-921.

[117] HARRIS M, RAVIV A. Differences of opinion make a horse race [J]. Review of Financial Studies, 1993, 6(3): 473-506.

[118] HELLMANN T, MURDOCK K, STIGLITZ J. Financial restraint: towards a new paradigm[J]. Role of Government in East Asian Economic Development, 1997: 163-208.

[119] HENRY P B. Do stock market liberalizations cause investment booms? [J]. Journal of Financial Economics, 1999, 58(1): 301-334.

[120] HENRY P B. Stock market liberalization, economic reform and emerging market equity prices[J]. Journal of Finance, 2000, 55(2): 529-564.

[121] HUANG I H. Does market timing persistently affect capital structure? Evidence from stock market liberalization[J]. Pacific-Basin Finance Journal, 2014, 26(2): 123-144.

[122] HUTTON A P, MARCUS A J, TEHRANIAN, H. Opaque financial reports, R2, and crash risk[J]. Journal of Financial Economics, 2009, 94(1), 67—86.

[123] International Monetary Fund (IMF). Balance of payments manual [M]. International Monetary Fund, 2010.

[124] JIN L, MYERS S C. R2 around the world: new theory and new

tests[J]. Journal of Financial Economics, 2006, 79(2): 257-292.

[125] KAMINSKY G L, SCHMUKLER S L. Short-Run Pain, Long-run gain: financial liberalization and stock market cycles[J]. Review of Finance, 2008, 12(2): 253-292.

[126] KAPLAN S N, ZINGALES L. Do Investment-cash flow sensitivities provide useful measures of financing constraints? [J]. Quarterly Journal of Economics, 1997, 112(1): 169-215.

[127] KAWAKATSU H, MOREY M R. Financial liberalization and stock market efficiency: an empirical examination of nine emerging market countries[J]. Journal of Multinational Financial Management, 1999, 9(3): 353-371.

[128] KIM E H, SINGAL V. Stock market openings: experience of emerging economies[J]. Journal of Business, 2000a, 73(1): 25-66.

[129] KIM E H, SINGAL V. The fear of globalizing capital markets [J]. Emerging Markets Review, 2000b, 1(3): 183-198.

[130] KIM J B, LI Y, ZHANG L. Corporate tax avoidance and stock price crash risk: firm-level analysis[J]. Journal of Financial Economics, 2011a, 100(3), 639-662.

[131] KIM J B, LI Y, ZHANG L. CFO vs. CEO: equity incentives and crashes [J]. Journal of Financial Economics, 2011b, 101 (3): 713-730.

[132] KIM J B, WANG Z, ZHANG L. CEO overconfidence and stock price crash risk [J]. Contemporary Accounting Research, 2016, 33(4): 1720-1749.

[133] KIM J, ZHANG L. Accounting conservatism and stock price crash risk : firm-level evidence[J]. Contemporary Accounting Research,

2016, 33(1): 412-441.

[134] KING, R, POWNALL G, WAYMIRE, G. Expectations adjustment via timely management forecasts: review, synthesis and suggestions for future research[J]. Journal of Accounting Literature, 1990(9): 113-144.

[135] LANG, M H. LUNDHOLM, R J. Corporate disclosure policy and analyst behavior[J]. Accounting Review, 1996, 71(4): 467-492.

[136] LANG, M H, LINS, K V, MILLER, D P. ADRs, Analysts, and accuracy: does cross listing in the United States improve a firm's information environment and increase market value? [J]. Journal of Accounting Research, 2003, 41(2): 317-345.

[137] LANG M H, LINS K V, MILLER D P. Concentrated control, analyst following, and valuation: do analysts matter most when investors are protected least? [J]. Social Science Electronic Publishing, 2004, 42(3): 589-623.

[138] LAEVEN L. Does financial liberalization reduce financing constraints? [J]. Financial Management, 2003, 32(1): 5-34.

[139] LANG, M H, LINS, K V, MILLER, D P. ADRs, analysts, and accuracy: does cross listing in the United States improve a firm's information environment and increase market value? [J]. Journal of Accounting Research, 2003, 41(2): 317-345.

[140] LAOPODIS N T. Financial market liberalization and stock market efficiency: evidence from the Athens Stock Exchange[J]. Global Finance Journal, 2004, 15(2): 103-123.

[141] MAGHYEREH A, OMET G. Financial liberalization and stock market efficiency: empirical evidence from an emerging market[J]. African Finance Journal, 2002, 4(2): 24-35.

[142] MCNICHOLS, M O'BRIEN, P C. Self-selection and analyst coverage[J]. Social Science Electronic Publishing, 1997, 35(4): 167-199.

[143] MERTON, R C. Presidential address: a simple model of capital market equilibrium with incomplete information [J]. Journal of Finance, 1987(42): 483-510.

[144] MITTON T. Stock market liberalization and operating performance at the firm level [J]. Journal of Financial Economics, 2006, 81 (3): 625-647.

[145] MODIGLIANI F, MILLER M H. The cost of capital, corporation finance, and the theory of investment: reply[J]. American Economic Review, 1959, 49(4): 655-669.

[146] MORCK, R, SHLEIFER, A, VISHNY, R W. Management ownership and market valuation : an empirical analysis[J]. Journal of Financial Economics, 1988, 20(88): 293-315.

[147] MYERS, S. Determinants of corporate borrowing [J]. Journal of Financial Economics, 1977, 5(2): 147-175.

[148] MYERS S C, MAJLUF N S. Corporate financing and investment decisions when firms have information that investors do not have [J]. Journal of Financial Economics, 1984, 13(2): 187-221.

[149] NAGHAVI N, LAU W Y. Exploring the nexus between financial openness and informational efficiency - does the quality of institution matter? [J]. Applied Economics, 2014, 46(7): 674-685.

[150] O'BRIEN, P C BHUSHAN R. Analyst following and institutional ownership[J]. Journal of Accounting Research. 1990(28): 55-76.

[151] PIOTROSKI J D, WONG T J, ZHANG T. Political incentives to suppress negative information: evidence from Chinese listed firms[J]. Journal

of Accounting Research, 2015, 53(2): 405-459.

[152] PORTA R L, LOPEZ-DE-SILANES F, SHLEIFER A, et al. Law and finance[J]. Journal of Political Economy, 1998, 106(6): 1113-1155.

[153] RAJAN R G, ZINGALES L. The great reversals: the politics of financial development in the twentieth century [J]. Crsp Working Papers, 2003, 69(1): 5-50.

[154] SHORES, D. The Association between Interim Information and Security returns surrounding earnings announcements[J]. Journal of Accounting Research, 1990, 28(1): 164-181.

[155] SILANES F L D, RAFAEL LA PORTA, ANDREI SHLEIFER, et al. Investor protection and corporate governance[J]. Journal of Financial Economics, 2000: 3-27.

[156] SINGH A. Capital account liberalization, free long-term capital flows, financial crises and economic development[J]. Eastern Economic Journal, 2003, 29(2): 191-216.

[157] SOHN B C. Analyst forecast, accounting conservatism and the related valuation implications[J]. Accounting & Finance, 2014, 52(1): 311-341.

[158] SONG I, EDWARD B, DOUTHETT J, et al. The role of accounting information in stock market liberalization: evidence from Korea[J]. Advances in International Accounting, 2003, 16(3): 67-84.

[159] STIGLITZ J E. Government, financial markets, and economic development[C]. National Bureau of Economic Research, 1991.

[160] STIGLITZ J E. Capital market liberalization, economic growth, and instability[J]. World Development, 2000, 28(6): 1075-1086.

[161] STULZ R M. Globalization, corporate finance and the cost of cap-

ital [J]. Journal of Applied Corporate Finance, 1999, 12(3): 8-25.

[162] SUN Q TONG, W H S and YAN, Y. Market liberalization within a country [J]. Journal of Empirical Finance, 2009, 16(1): 18-41.

[163] UMTLU M, LEVENT A. The degree of financial liberalization and aggregated stock-return volatility in emerging markets [J]. Journal of Banking & Finance, 2010, 34(3): 509-521.

[164] VIEITO J P, WONG W K, CHOW S C. Stock market liberalizations and efficiency: the case of latin america[J]. Mpra Paper, 2016(6): 1-33.

[165] VITHESSONTHI C, TONGURAI J. The impact of capital account liberalization measures[J]. Journal of International Financial Markets Institutions & Money, 2012, 22(1): 16-34.

[166] ZHANG, X. F. Information uncertainty and analyst forecast behavior[J]. Contemporary Accounting Research, 2006, 23(2): 565-590.

本书第一作者主要科研成果

一、公开发表的学术论文（CSSCI 期刊）

[1] 郭阳生，沈烈，郭枚香，沪港通改善了上市公司信息环境吗？[J]. 证券市场导报，2018 (10).

[2] 郭阳生. 沪港通机制提升了公司价值吗：基于分析师关注度的视角 [J]. 广东财经大学学报，2018，33 (2).

[3] 郭阳生，沈烈，汪平平. 沪港通降低了股价崩盘风险吗：基于双重差分模型的实证研究 [J]. 山西财经大学学报，2018 (6).

[4] 郭阳生，沈烈，汪平平. 审计师地理距离与内部控制质量：兼论时间距离与审计师特征的调节效应 [J]. 审计与经济研究，2018 (3).

[5] 沈烈，郭阳生. 管理者能力与内部控制质量：抑制还是促进？[J]. 中南财经政法大学学报，2017 (4).

[6] 孙德芝，郭阳生，巡视监督能够抑制公司违规行为吗？[J]. 山西财经大学学报，2018 (12).

二、主持和参与的科研项目

（一）主持

中南财经政法大学优秀博士学位论文培育项目：资本市场开放、信

息环境及其经济后果研究（项目编号：2018Y1148）

（二）参与

1. 国家自然科学基金项目：技术并购对企业技术创新和财务绩效的作用机制研究（项目编号：71872183）

2. 国家社会科学基金项目：我国高等院校内部控制转型与创新研究（项目编号：15BGL162）

3. 教育部人文社会科学研究项目：巡视监督、权利制衡与国有企业内部控制治理效应研究（项目编号：18YJA630098）

三、读博期间获奖情况

1. 2017 年被中南财经政法大学评为“优秀研究生”
2. 博士期间，连续三年获得研究生学业奖一等奖
3. 荣获 2018 年“易庭源奖学金”优秀学生奖
4. 2018 年被中南财经政法大学评为“优秀研究生标兵”
5. 2019 年被中南财经政法大学评为“优秀毕业生”

致　谢

时光荏苒，白驹过隙，弹指一挥间就这样书写了整整三年光阴的故事。回首这段求学经历，必将在自己的人生道路上留下浓墨重彩的一笔。三年如一日，废寝忘食、穷尽心智，仍感笔耕之路充满艰难险阻。体会过选题过程中“山重水复”之迷茫；感受了写作过程中“柳暗花明”之惊喜；体验过“退稿”“拒稿”之绝望；享受了“录用”“见刊”之激动。曾记得为一个变量的计算忙得焦头烂额，心力交瘁；也曾为一种计量方法的学习殚精竭虑，彻夜不眠。一路走来，时刻伴随着焦虑、不安、忧愁与迷茫，其中的酸甜苦辣，非经历不能感受。曾经洒下的汗水与泪水，终于凝结成这本厚重的书稿。

正值本书付梓之际，心中充满感激。谨向所有关心、支持、帮助我的老师、家人、同学及朋友，致以最诚挚的谢意！他们是我生命中最亮的星辰，给予我梦想的道路无限光明。

衷心感谢我的导师——沈烈教授。沈老师国际化的视野，前沿精深的学术造诣，严谨求是的治学风格，让我永志不忘。从研究选题、资料收集、研究布局、初稿完成、多次修改直至定稿，无不渗透着恩师无微不至的关怀和指导。恩师立德树人、求实拓新的精神将是我今后工作道路上的不竭动力，独具个人魅力的恩师亦是使我受益无穷的人生楷模。

衷心感谢中南财经政法大学会计学院其他所有老师给予我的关心与帮助。他们博文明理、厚德济世，为莘莘学子营造了浓厚的学术氛围，文泉会计论坛、学术午餐会等诸多学术活动深深陶冶了我的学术情操。

衷心感谢同窗好友、同门师兄弟姐妹。三年间，我们并肩作战，互帮互助，一起走过了这段艰苦而又难忘的岁月。

来自亲人的支持和关爱是我精神上的巨大动力。想到自己的父母，年逾古稀，身体一直不太好。每次电话里说要回去看看，他们总是说“没事，家里一切都好，别回来，你只管好好学习”。现在，我终于明白，放开儿女勇敢追梦又祈祷他们安然无恙，渴望儿女远走高飞又企盼他们天天回家，是我父母的心，也是天下所有父母的心！我深刻体会到唯有父母对子女的爱，从不以占有和索取为目的，从不以放手和分离而消失，从不以距离和岁月而减淡，哪怕相隔万里，哪怕天涯海角。我是父母的孩子，但终将成为他们牵挂一生却又相见寥寥的远方；我是故乡的游子，但终将成了日渐陌生又逐渐遗忘的过客。每个人的一生，都是一场挣脱逃离而又慢慢回归的过程；每个人的辉煌，都是一场用砥砺前行回报养育之恩的致敬。求学逾十载，曾经年少转身已近不惑，愿归来仍是少年。愿故乡的每一盏灯，都能照亮游子回乡的路，都能温暖父母思念的心。多少年漂泊在外，没有好好地陪伴在父母身边，我深感愧疚，真是纵倾毕生之回报，难报亲情之万一！

衷心感谢我的妻子。她给予我充分理解和全力支持，一个人默默地承担起了家庭的重任，成为我的坚强后盾。

最后，还要感谢生命里那些不期而遇的挫折与磨砺，感谢成长蜕变中那些难以忘怀的阵痛与忧伤……

谨以此书献给我匆然逝去的韶华时光，以及生命中每一位至亲、良师与益友，并以此纪念我在中南财经政法大学艰苦的学术生涯。

郭阳生